普通高等院校"十三五"规划教材 ◀ ◀ ◀

企业会计综合实训

QIYE KUAIJI ZONGHE SHIXUN

刘 燕◎主 编

张际萍 许新亮 王 晨 刘红霞 岳红梅◎副主编

清华大学出版社

北 京

内 容 简 介

本书以国家颁布的相关法规制度为依据,根据会计类专业学生的学习特点,本着"以岗位为基础、以能力为本位"的原则,以培养应用型、技能型人才为目标进行编写。本书首先介绍实训的流程和要求,给出实训企业概况、核算要求和主要业务的原始凭证,包括了工业企业发生的 117 笔主要业务,全面涵盖并真实体现了企业经营管理和会计核算的全貌。

本书既可作为应用型本科院校会计类专业综合实训教材,也可作为会计从业人员参考用书。

图书在版编目(CIP)数据

企业会计综合实训 / 刘燕主编. —北京:清华大学出版社,2018(2021.1重印)

(普通高等院校"十三五"规划教材)

ISBN 978-7-302-49320-4

Ⅰ.①企…   Ⅱ.①刘…   Ⅲ.①企业会计-高等学校-教材   Ⅳ.①F275.2

中国版本图书馆 CIP 数据核字(2018)第 004251 号

责任编辑:刘志彬
封面设计:汉风唐韵
责任校对:宋玉莲
责任印制:刘海龙

出版发行:清华大学出版社
  网   址:http://www.tup.com.cn,http://www.wqbook.com
  地   址:北京清华大学学研大厦 A 座   邮   编:100084
  社 总 机:010-62770175   邮   购:010-62786544
  投稿与读者服务:010-62776969,c-service@tup.tsinghua.edu.cn
  质量反馈:010-62772015,zhiliang@tup.tsinghua.edu.cn
印 装 者:三河市龙大印装有限公司
经   销:全国新华书店
开   本:185mm×260mm   **印   张:**21.5   **字   数:**289 千字
版   次:2018 年 1 月第 1 版   **印   次:**2021 年 1 月第 5 次印刷
定   价:60.00 元

产品编号:077913-01

前　言

　　会计综合实训是会计实践教学的一个重要组成部分，是学生在学习完会计理论的基础上，通过模拟实训进行整个会计实务流程的操作。企业会计综合实训对巩固学生的会计理论知识、培养学生的实际动手能力具有重要意义。

　　应用型本科院校主要为国家培养综合素质高、具有较强实践能力和创新精神的高级应用型人才，基于这一目标定位，要求应用型本科院校会计类专业的相关课程不仅要强化理论教学环节，还应重视实践性教学环节。在应用型本科院校会计类专业相关课程的教学中，实训是实践性教学环节的重要内容。为了规范会计实训的教学方法和教学过程，使实训"有据可循"，提高实训的教学效果，特编写本书。

　　本书以国家颁布的相关法规制度为依据，根据会计类专业学生的学习特点，本着"以岗位为基础、以能力为本位"的原则，以培养应用型、技能型人才为目标进行编写。本书首先介绍实训的流程和要求，给出实训企业概况、核算要求和主要业务的原始凭证，包括了工业企业发生的117笔主要业务，全面涵盖并真实体现了企业经营管理和会计核算的全貌。书中所涉及的单位、地址、电话、有关纳税登记号码、银行账号，以及人名等纯属虚构，产品所用资料及成本计算程序都已经过加工提炼，仅供教学使用。

　　本书作者是有多年会计类专业课程教学经验的优秀教师，并且是高级会计师、注册税务师，是"三师型"教师，对理论和实务都颇有研究。本书编写过程中，参考了国内外相关学者的研究成果和观点资料，在此，编者致以诚挚的谢意。另外，作者还邀请了企业界专家在实务方面进行指导，也在此表示感谢。

　　尽管力求完善，鉴于能力有限，书中疏漏难以避免，恳求广大读者和同仁予以批评指正，以便再版修正。

编　者

目　录

1 第一章
绪 论

　　会计工作的特点决定了会计首先必须讲究实际操作性和实践性，离开操作和实践，其他一切都为零！其次，会计要讲究连通性、逻辑性和规范性。每一笔业务的发生，都要根据其原始凭证，一一登记记账凭证、明细账、日记账、总账等可能连通起来的账户。会计的每一笔账务都要有依据，而且是逐一按时间顺序登记下来，极具逻辑性。在会计的实践中，要按照规范进行漏账、错账的更正，任何一笔账目都不允许随意改动，不容弄虚作假。每一个程序、步骤都必须以会计制度为前提和基础，体现了会计的规范性。

　　然而，实际的工作与书本上的知识往往是有一定距离的，因此，毕业前的综合实训是学生学习阶段重要的实践性教学环节之一，通过综合实训，学生可以获得与本专业有关的工作技能和组织管理知识技能，更好地做到理论与实践相结合。通过企业会计综合实训，学生可以进一步了解会计工作的主要内容、加深对会计相关学科理论知识的理解，更好地理解会计工作的性质与特点，明确会计工作在经济活动中的重要地位，了解会计工作的具体操作程序和方法，掌握正确处理会计业务的能力和技巧；通过综合实训还可以提高学生分析问题、解决问题的能力，尽快适应毕业后会计工作的需要。

一、实训的目标及基本要求

▶ 1. 实训的目标

　　通过模拟实训，将会计专业知识和会计实务有机地结合在一起，使学生能够系统、全面地掌握企业会计制度和企业会计核算的基本程序和具体方法，加强学生对会计基本理论的理解、对会计基本方法的运用和对会计基本技能的训练，让学生掌握填写原始凭证的方法、各种业务的处理及填写记账凭证的方法、账簿处理及账簿登记的方法，以及各种报表编制的方法。

　　同时，通过与岗位要求完全相同的实训操作，培养学生的职业意识，提高职业素质，形成工作能力，为即将从事的会计工作打下坚实的基础。

▶ 2. 对指导教师的基本要求

（1）按综合实训的要求购买会计用品。

（2）学生分组进行实训，一般三人为一组，每组学生合作完成全部业务；也可以一个学生独立完成全部业务。

（3）发放实训用品、说明实训要求与考核办法。

（4）介绍实训企业基本情况与实训基本要求。

（5）指导学生建立总账、各类明细账及日记账。

（6）指导学生编制原始凭证、记账凭证和科目汇总表。

（7）指导学生登记总账、各种明细账及日记账。

（8）指导学生对账和结账。

（9）指导学生编制会计报表和纳税申报表。

（10）对学生的实训结果进行总结、评比。

▶ 3. 对实训学生的基本要求

（1）全面了解实训企业的基本情况和实训的基本内容。

（2）开设总账一本。根据成都永兴建材有限责任公司 2017 年 12 月初的各账户余额和 12 月编制的科目汇总表，计入期初余额和本期发生额，月末办理结账手续。

（3）开设库存现金和银行存款日记账各一本。根据成都永兴建材有限责任公司 2017 年 12 月初的各账户余额和 12 月编制的记账凭证，计入期初余额和本期发生额，月末办理结账手续。

（4）开设三栏式明细账一本。根据成都永兴建材有限责任公司 2017 年 12 月初的三栏式各账户余额和 12 月编制的记账凭证，计入期初余额和本期发生额，月末办理结账手续。

（5）开设数量金额式明细账一本。根据成都永兴建材有限责任公司 2017 年 12 月初的数量金额式各账户余额和 12 月编制的记账凭证，计入期初余额和本期发生额，月末办理结账手续。

（6）开设多栏式明细账一本。根据成都永兴建材有限责任公司 2017 年 12 月初的多栏式各账户余额和 12 月编制的记账凭证，计入期初余额和本期发生额，月末办理结账手续。

（7）根据 12 月发生的经济业务的要求，编制有关原始凭证。根据原始凭证编制记账凭证。

（8）根据记账凭证按旬编制科目汇总表。

（9）根据年终总账、日记账和各明细账进行对账。

（10）根据总账和各明细账编制会计报表，包括资产负债表、利润表和现金流量表。

（11）根据会计资料编制纳税申报表。

二、手工操作程序及要求

▶ 1. 建账

根据期初资料，开设账户（总账、明细账、日记账）并登记账户期初余额。企业会计人员做账程序如图 1-1 所示。

```
原始凭证 ———————————— 送交本单位开户银行的单据
  原始凭证 ———————————— 送交客户的单据
    原始凭证 ———————————— 由本单位另行保管的单据
      原始凭证 ———————————— 记账凭证附件
```

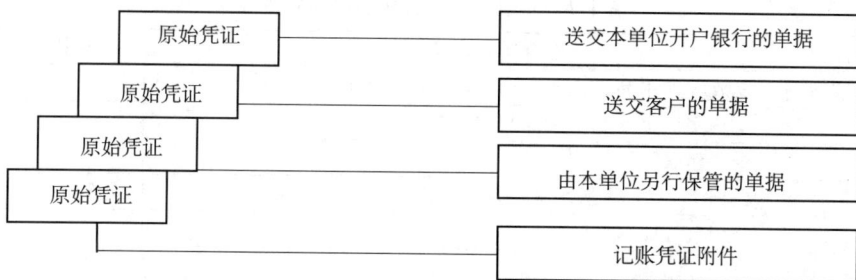

图 1-1　企业会计人员做账程序

▶ 2. 分析并处理原始凭证

（1）经济业务全部以原始凭证来描述。

（2）准备 a、b、c 三个信封，练习原始凭证的处理和传递。

▶ 3. 填制自制原始凭证

填制自制原始凭证中的部分内容。

▶ 4. 编制记账凭证

根据原始凭证及其附件，编制记账凭证（通用记账凭证）。

▶ 5. 登账

（1）根据记账凭证及其附件，逐日逐笔登记现金日记账和银行存款日记账。

（2）根据记账凭证及其附件，逐笔登记明细分类账 A（三栏式）、B（数量金额式）、C（多栏式）。

（3）按上旬、中旬、下旬、期末编制科目汇总表，共四张，根据科目汇总表登记总账。

▶ 6. 结账

期末结出有关账户的发生额及余额，并进行总账余额试算平衡。

▶ 7. 编制会计报表

（1）资产负债表。

（2）利润表。

（3）现金流量表。

▶ 8. 编制纳税申报表

（1）增值税纳税申报表。

（2）城建税、教育费附加、地方教育费附加税（费）申报表。

（3）企业所得税纳税申报表等。

▶ 9. 装订记账凭证

将记账凭证按照上旬、中旬、下旬、期末分别进行装订。

三、实训的教学安排及考核评价

▶ 1. 教学安排

本实训总课时为 72 课时，总学分为 4 学分，具体实训内容及对应的课时数如表 1-1 所示。

表 1-1　企业会计综合实训教学安排表

序号	综合实训内容	课时数	天数
1	发放实训用品、说明实训要求与考核办法	2	0.5
2	了解实训企业基本情况与实训基本内容	2	
3	企业建账	4	0.5
4	根据 1~117 笔业务编制会计凭证，汇总四次	34	4
5	登记会计账簿	6	1
6	对账、结账	6	1
7	编制会计报表	8	1
8	编制纳税申报表	6	0.5
9	总结、评价	4	0.5
	合　　计	72	9

▶ 2. 考核评价（见表 1-2）

表 1-2　企业会计综合实训考核评价表

项　目	考核方式	考核内容	比例/%	
			分比例	总比例
课堂教学	考勤	出勤	30	30
企业会计综合实训手工操作考核	现场操作	团队合作	15	70
		原始凭证填制审核	20	
		记账凭证填制审核	10	
		会计账簿设置登记	10	
		财务报表编制报送	10	
		会计档案归集保管	5	

四、需要准备的会计用品

以组为单位，准备以下会计用品：

（1）记账凭证 300 张；

（2）总账账页 40 张；

（3）三栏式明细账账页 15 张；

（4）多栏式明细账账页 10 张；

（5）数量金额式明细账账页 50 张；

（6）"应交税费——应交增值税"明细账账页 5 张；

（7）银行存款日记账账页 5 张；

（8）库存现金日记账账页 3 张；

（9）记账凭证封面 5 套；

（10）账簿封面 3 套（含绳子）；

（11）资产负债表、利润表、现金流量表各 3 张（备用）；

（12）增值税纳税申报表，城建税、教育费附加、地方教育费附加税（费）申报表，企业所得税纳税申报表各 3 份（备用）。

2 第二章
实训企业认知

一、实训企业概况

（一）企业基本情况

成都永兴建材有限责任公司（以下简称永兴建材公司）是一家专门生产装饰用胶合板（以下简称普通板）和建筑施工用覆膜胶合板（以下简称覆膜板）的生产企业，公司位于成都市金堂县赵镇金堂工业园，注册资金 1 000 万元，占地 18 200 平方米，该公司属于增值税一般纳税人，增值税税率为 17%。法人代表：赵英武（总经理），纳税人登记号：140128378961001。

（二）企业内部组织结构

永兴建材公司在册职工人数 152 人，设有采供部、生产部、营销部、行政部、人力资源部（以下简称人力部）、财务部、后勤部、总经办八个部门，如图 2-1 所示。

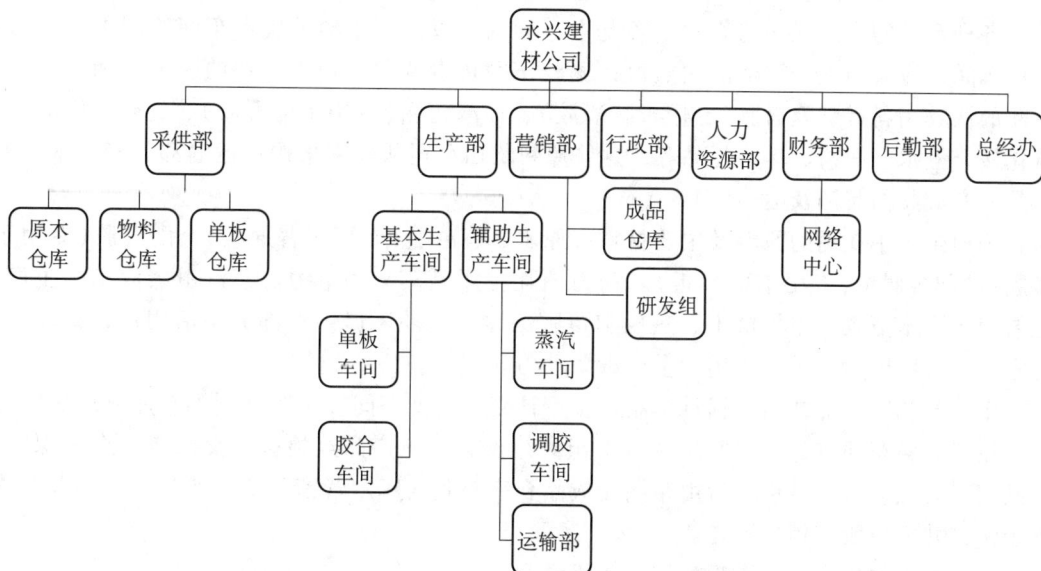

图 2-1 企业内部组织结构

采供部下设原木仓库、物料仓库和单板仓库三个仓库。原木仓库专门负责原木及断尾材（截断的有裂缝或腐朽的不宜加工成胶合板的原木段）及废单板、废品的收、发、保管，保管员周大林；物料仓库负责覆膜纸、各种修理用备件、油料、劳保服、调胶用料、工具等的收、发、保管，保管员陈如龙；单板仓库（自制半成品库）负责自制单板的收、发、保管工作，保管员张友佳。

生产部下设两个基本生产车间和三个辅助生产车间，两个基本生产车间分别是单板车间和胶合车间，车间主任分别是张晓春、李建平；三个辅助生产车间分别是蒸汽车间、调胶车间和运输部，车间主任分别是周青、王达和李杨。

营销部下设成品仓库和研发组，营销部经理刘东科。成品仓库负责普通板和覆膜板成品的收、发、保管工作，保管员杨晶。

（三）会计工作流程概述

为了执行内部会计控制制度，财务部工作人员分工如下：成本组主要负责成本核算，成本分析等方面的工作；会计组主要负责会计核算、发票管理、档案管理和编制报表；资金组负责现金、银行存款的管理、应收账款的管理和资金的预算控制分析；综合组负责企业内部控制制度的建设，教育培训、文书档案的管理。财务部经理苏科峰，出纳杨花，会计杨慧，记账员边小红。

材料入库与出库业务，由保管员填制入库单、出库单三联，由经办人签字后，其中两联交由采供部，经负责人审核签字后，分别由材料核算员登记材料明细账，由记账员根据收料汇总表登记材料总账。月末，保管员、材料核算员与会计进行核对。

产品入库与出库业务，由成品仓库保管员杨晶填制入库与出库单据，经相关人员签字后，登记销售台账，其余各联交由财务部进行核算（实训小组成员分工可按小组成员情况进行设计）。

（四）生产过程描述

永兴建材公司的生产类型为连续式多步骤生产企业，生产用原料系生产开始一次投入，各种产品的生产工序均集中于各基本车间内完成。三个辅助生产车间的职责分别为：蒸汽车间供应公司生产和生活用蒸汽；调胶车间负责调制公司生产用的脲醛胶和酚醛胶，所需的调胶用料有脲醛树脂（专用于脲醛胶）、酚醛树脂（专用于酚醛胶）、纯碱、碳酸钙、氯化铵、氨水、面粉、乌洛托品等，这些原料均由公司从外部采购；运输部负责原木、在产品、产成品的装卸及运输。

公司生产中耗用的原料及主要材料有原木、脲醛胶（专用于普通板）、酚醛胶（专用于覆膜板）和覆膜纸（专用于覆膜板）。动力消耗主要是蒸汽和电力。蒸汽由蒸汽车间生产，主要用于原木蒸煮、单板烘干、热压和覆膜工序，另外还提供一部分生活用汽，如食堂、浴室。电力由电力局供应，用于生产设备动力和照明。

生产部和财务部共同根据订单制订生产计划，生产车间按生产计划到仓库领取原木等生产用料。各车间按计划编制生产进度组织生产，完工产品经检验后交由成品仓库保管，产品完工后经质检人员检验后由车间交成品仓库验收入库。营销部负责产品的销售及交货等手续，并完成所有销售工作。

公司的整体生产工艺流程如图 2-2 所示。

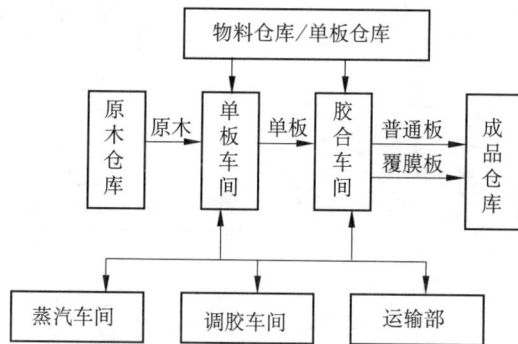

图 2-2 公司的整体生产工艺流程

单板车间的生产工艺流程如图 2-3 所示。

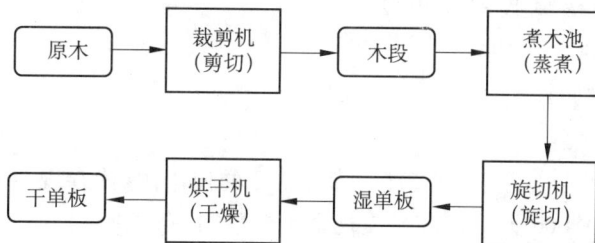

图 2-3 单板车间生产工艺流程

原木经裁剪机剪切成木段，投入煮木池进行蒸煮，然后用旋切机旋切成湿单板，湿单板再进入烘干机干燥为干单板。

胶合车间的生产工艺流程如图 2-4 所示。

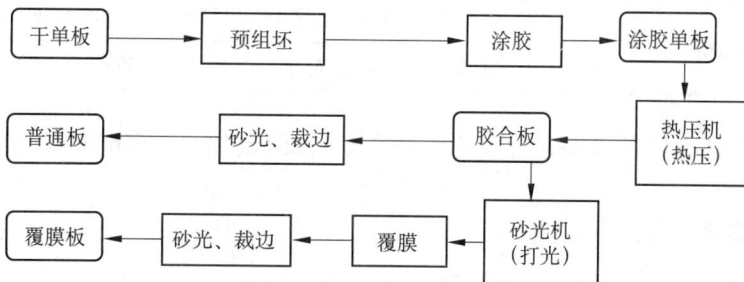

图 2-4 胶合车间生产工艺流程

干单板经预组坯后，进入涂胶工序成为涂胶单板，涂胶单板送入热压机热压成胶合板，经砂光、裁边后即形成普通板成品。覆膜板则是将热压的胶合板经砂光机打光后，进入覆膜工序，覆膜后再进行砂光、裁边形成覆膜板成品。

二、企业采用的主要会计政策与核算办法

（一）会计核算程序

根据业务情况，永兴建材公司实行一级核算制，其账务处理选用科目汇总表核算程序，以每旬及期末业务分别汇总一次并登记总账，每月汇总 4 次，如图 2-5 所示。

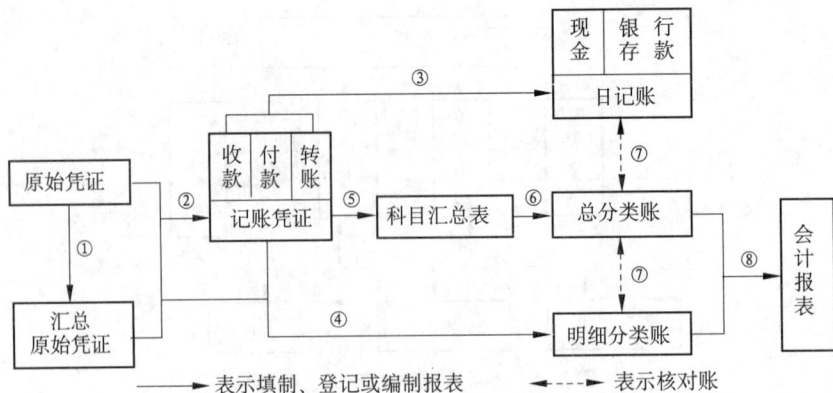

图 2-5　科目汇总表账务处理程序

(二) 资产业务核算政策与办法

▶ 1. 会计制度

执行《企业会计准则》。

▶ 2. 货币资金核算

（1）库存现金管理：实行限额管理，库存现金的使用按《库存现金管理暂行条例》规定执行。库存现金限额 8 000 元。严禁坐支现金，严禁"白条抵库"。

（2）银行存款管理：开户银行及账户信息如表 2-1 所示。

表 2-1　永兴建材公司开户银行及账户信息

账户类型	开户行	账号
基本存款账户	中国银行金堂县支行	4000138000445566777
一般存款账户	中国工商银行成华区支行	352000456789000123
	成都银行金堂县支行	6565338299456800022

该公司所有证券类投资都通过成都银行金堂县支行（账号：6565338299456800022）账户结算。

公司预留印鉴，如图 2-6 所示。

图 2-6　公司预留印鉴

（3）备用金管理：采购人员及其他人员出差预支差旅费，出差回来一次结清；财务部备用金实行定额备用金制度。行政部日常开支实行定额备用金制度核算，最高限额 1 000 元。

（4）结算方式有库存现金、现金支票、转账支票、银行汇票、银行承兑汇票、汇兑、委托收款、托收承付等。

▶ **3. 存货收发核算**

（1）公司存货包括原材料、周转材料（含包装物和低值易耗品）、自制半成品、库存商品、发出商品。

（2）全部存货都采用实际成本法核算，存货发出计价采用月末一次加权平均法。

计算各项发出存货的实际成本时，应先计算出期末加权平均单价（将数值四舍五入，保留小数点后两位），各项发出存货的实际成本（存货发出的数量×加权平均单价）。

（3）材料的核算。

① 平时根据材料验收入库凭证，逐笔编制记账凭证，进行材料的购入核算。

② 月末根据平时材料发出（包括对外销售）凭证汇总编制发出材料汇总表，再据此编制记账凭证，集中进行材料发出的核算。

③ 低值易耗品的核算采用一次摊销法。

（4）自制半成品的核算。

① 月末根据平时半产品完工入库单记录，汇总编制半成品入库汇总表，并根据产品成本核算要求计算结转完工半产品成本。

② 月末根据平时半成品领用（包括销售）的记录，汇总编制半成品出库汇总表，采用加权平均法计算本月领用的半成品和本月销售的半成品成本。

（5）库存商品的核算。

① 月末根据平时产品完工入库单的记录，汇总编制库存商品入库汇总表，并根据产品成本核算要求计算并结转完工产品成本。

② 月末根据平时商品销售（包括视同销售）出库的记录，汇总编制产品出库汇总表，采用加权平均法计算并结转产品销售成本。

▶ **4. 成本费用核算**

（1）基本生产成本的核算。

① 产品成本核算采用逐步结转分步法计算成本，生产成本明细账除要按最终产品设置明细账户外，还应按各步骤的半成品设置明细账。分别按"生产成本——基本生产成本——柳桉单板""生产成本——基本生产成本——杨木单板""生产成本——基本生产成本——普通板""生产成本——基本生产成本——覆膜板"开设生产成本明细账，并登记月初在产品成本。

② 基本生产成本明细账分设直接材料、直接人工、制造费用三个成本项目。

③ 公司设制造费用明细账，只核算基本生产车间所发生的各项间接制造费用，辅助生产车间不单独设制造费用明细账，其所发生的间接制造费用直接计入各自的辅助生产明细账。

④ 原木消耗及退料情况：柳桉原木专用于生产柳桉单板，杨木原木专用于生产杨木单板。为了便于费用的归集和分配，公司要求各项费用必须明确其归属，并加强计量工作。为此，各项领料凭证必须填明领料部门和用途，原木均由单板车间领用，单板车间完工的单板要填制半成品完工入库单一式三联，单板仓库一联，单板车间留存一联，财务部一联。胶合车间领用单板要填制领料单，并注明用途。单板领料单一式三联，胶合车间一

联，单板仓库留存一联，财务部一联。其他各项物料的领用也要注明领用部门及用途，以便于各项材料费用的分配。

对于退库的断尾材由单板车间填制退料单交原木仓库，退料单一式三联，一联由单板车间执存，一联由原木仓库留存，一联交财务部。胶合车间退库的废单板由胶合车间填制退料单一式三联，一联由胶合车间执存，一联交单板仓库，一联交财务部。

退料的断尾材不分材种统一办理退库手续，但在冲减原木费用时则按本月领用柳桉原木和杨木原木数量的比例将本月退料的断尾材分解为退杨木断尾材和退柳桉断尾材，以分别冲减杨木单板和柳桉单板生产成本明细账的直接材料项目。

胶合车间退库的废单板则按照本月普通板和覆膜板分别领用单板的数量（不区分单板种类）比例分别冲减普通板和覆膜板生产成本明细账的直接材料项目。

退库的断尾材和废单板不分材种均在"原材料"科目下设置"断尾材"和"废单板"明细科目反映，断尾材计价均按估计价格 300 元/m^3 计算，废单板计价按估计价格 400 元/m^3 计算。

（2）辅助生产成本的核算。

① 辅助生产车间发生的各种直接费用和间接费用，直接在"生产成本——辅助生产成本"科目中归集，其间接费用不通过"制造费用"科目归集。辅助生产成本明细账按车间设置明细，包括"生产成本——辅助生产成本——蒸汽车间""生产成本——辅助生产成本——调胶车间""生产成本——辅助生产成本——运输部"。

② 按辅助生产车间设多栏式明细账。

③ 辅助生产费用的分配采用直接分配法，月末将辅助生产车间的费用直接分配给辅助生产车间以外的各受益部门。

④ 辅助生产费用分配标准：公司的三个辅助生产车间中，运输部为蒸汽车间和调胶车间提供部分运输服务，但这些服务量只占运输部总服务量的很小比例；蒸汽车间主要为基本生产车间服务，除此之外，还供应管理部门及浴室、食堂等部分生活用汽；调胶车间所调制的胶完全是被基本生产车间生产耗用，其中所调制的脲醛胶全部用于普通板生产，所调制的酚醛胶则全部用于覆膜板生产。公司每月调制的胶均恰好满足生产所需，不留库存，也不对外出售。本月调胶车间共调制脲醛胶 108 000kg，酚醛胶 102 000kg，已全部转移给胶合车间涂胶使用完毕。

本月辅助生产车间蒸汽车间和运输部生产的产品或提供的劳务及受益对象如表 2-2 和表 2-3 所示。

表 2-2　蒸汽车间提供蒸汽的对象及数量　　　　　　　单位：吨

受 益 部 门	受 益 数 量
单板车间	2 400
胶合车间	1 200
行政管理	100
食堂、浴室	300
合　　计	4 000

表 2-3　运输部提供服务的对象及数量　　　　　　　单位：台时

受 益 部 门	受 益 数 量
单板车间	600
胶合车间	800
蒸汽车间	120
调胶车间	80
原木仓库	200
营销部	200
合　计	2 000

（3）制造费用的核算。

① 按基本生产车间设多栏式明细账。

② 单板车间的制造费用按柳桉单板和杨木单板本月实际生产工时比例在两种产品之间进行分配，胶合车间的制造费用按普通板和覆膜板本月实际生产工时的比例在两种产品之间分配。基本生产车间生产工时如表 2-4 所示。

表 2-4　基本生产车间生产工时表

单位：小时

车　间	生 产 工 时
单板车间全部生产工时	30 000
其中：柳桉单板耗用	12 000
杨木单板耗用	18 000
胶合车间全部生产工时	15 000
其中：普通板耗用	6 000
覆膜板耗用	9 000
合　计	4 5000

（4）工资管理。

① 工资制度为月薪制，日工资按 21 天计算。公司职工每月工资由基本工资、岗位津贴、奖金三项构成，另外 12 月增加一项年终奖。职工缺勤按 50 元/天扣款。

② 职工福利费、工会经费、职工教育经费三项经费期末不计提，在实际发生时做支付和分配的会计处理。期末按实际支付的三项经费做所得税前纳税调整。

③ 各基本生产车间的生产工人工资的分配要按各车间生产月报中各种产品实际耗用生产工时的比例进行分配。

④ 各项社会保险的缴费基数为职工本人上月工资收入（假定上月工资收入与本月工资收入相同），假设月平均工资为 3 185 元。各项社会保险的缴纳比例如表 2-5 所示。

表 2-5 各项社会保险的缴纳比例

项　　目	养老保险		医疗保险		失业保险		生育保险	工伤保险
人员缴费类别	单位缴纳	个人缴纳	单位缴纳	个人缴纳	单位缴纳	个人缴纳	单位缴纳	单位缴纳
城镇职工	20%	8%	6.5%	2.6%	2%	1%	0.60%	0.6%

⑤住房公积金的缴纳比例：单位缴纳 5%，个人缴纳 5%。住房公积金的缴费基数为职工本人上月工资收入（假定上月工资收入与本月工资收入相同）。

表 2-6 住房公积金的缴纳比例

基数类型	险种	缴费基数/元	单位缴费		个人缴费		合　计	
			比例/%	金额/元	比例/%	金额/元	比例/%	金额/元
最低	住房公积金	1 500.0	5.00	75.00	5.00	75.00	10.00	150.00
最高	住房公积金	19 321.0	5.00	966.05	5.00	966.05	10.00	1 932.00

（5）期末在产品成本确定：永兴建材公司决定在完工产品和月末在产品之间分配费用时采用约当产量法，由于各项材料在开始生产时一次投入，因此应按完工产品和在产品的实际数量比例进行分配，不必计算约当产品。对于人工费用和制造费用项目，则采用按完工程度计算约当产量的方法，单板车间的在产品按平均完工程度 40% 计算，胶合车间的在产品按平均完工程度 80% 计算。

▶ 5. 销售和收款

（1）销售产品：收到的库存现金以及各种票据当日送存银行。

（2）现金折扣：销售时若有库存现金折扣，在实际发生时确认为当期财务费用，库存现金折扣只折扣价款，不折扣增值税。为促进产品的销售，该公司实行现金折扣的办法，具体折扣标准为"3/10，2/20，n/30"，在销售时采用总价法确认收入。

（3）委托代销：委托代销业务按照支付手续费方式处理。永兴建材公司在收到委托代销清单时确认收入，按照不含增值税的销售价款的 3% 支付手续费。

（4）坏账处理：设置"坏账准备"账户，采用应收账款余额百分比法，计提比例 5%。

除应收账款外，其他应收款项发生坏账的可能性不大，不计提坏账准备。每年年末，按应收账款账面余额 5% 计提。

对于可能成为坏账损失的应收账款应当报告有关决策机构，由其进行审核，确定是否确认为坏账。

▶ 6. 税金和附加

（1）增值税：产品销售按本月不含税销售收入的 17% 计算销项税；由于该企业不动产均为 2016 年 4 月 30 日前取得，所以不动产出租按照简易征收计算应纳增值税，征收率为 5%，对于应交未交的增值税，月末按规定进行结转。

（2）城市维护建设税：按本月缴纳的增值税、消费税之和的 5% 计提。

（3）教育费附加：按本月缴纳的增值税额、消费税之和的 3% 计提。

（4）地方教育费附加：按本月缴纳的增值税、消费税之和的 2% 计提。

（5）印花税：在购买印花税票或缴纳时计入当期税金及附加。

（6）房产税：企业经营自用的，按房产价值的 1.2% /年缴纳，扣除比例为房产原值的 30%；用来出租并收取租金的，按租金收入的 12% 缴纳。

（7）车船税：货车税额，整备质量每吨每年税额 50 元；客车税额，每辆每年税额 450 元。

（8）城镇土地使用税：每平方米年税额 4 元。

（9）个人所得税：根据职工个人薪金所得，按七级超额累进税率代扣代缴。年终奖与当月工资单独计算个税。按照个人所得税法律制度规定计算年终奖金应代扣代缴的个人所得税。

（10）企业所得税采用资产负债表债务法进行核算。所得税采用按月预交，年终汇算清缴的办法，税率为 25% 。

（11）其他税费，业务涉及的税费按照税收法律制度的规定做相关处理。

▶ 7. 固定资产核算

固定资产分为房屋及建筑物、机器设备、运输设备、其他设备四类，均采用平均年限法（综合）计算折旧。固定资产财产保险费按年预付，分月摊销；固定资产大修理采用长期待摊方法。

▶ 8. 无形资产核算

无形资产按年平均摊销，按月进行账务处理。

▶ 9. 资产减值核算

除应收账款外，公司暂不对其他资产计提减值准备。

▶ 10. 其他事项

（1）企业通过证券交易市场购买的股票、债券、基金，按照《企业会计准则》有关规定进行会计处理。

（2）借款利息：短期借款利息按月计提，季末支付，到期还本；长期借款利息，按年计提（单利）分配，到期还本付息；与固定资产有关的利息，在固定资产达到预计可使用状态之前，计入固定资产成本。

（3）管理费用：管理费用明细账按照"职工薪酬及附加""办公费""折旧费""修理费""物料消耗及摊销""业务招待费""其他"等设置，最后一栏设"合计"。

（4）财产清查：公司每日应当进行现金清点，至少于每年年末对存货及固定资产等进行清查，根据盘点结果编制实存账存对比表，报经主管领导审批后进行处理。

（5）利润及利润分配：以年度税后利润的 10% 提取法定盈余公积金，按 5% 计提任意盈余公积金。年末，可根据盈利情况按比例向投资者分配利润。假定当年年末公司股东会决定利润分配比例为净利润的 50% ，并按约定在次年三个月内支付。

（6）在计算过程中如出现小数除不尽，所有分配率保留四位小数，计算结果保留两位小数。不能整除的分配率，对最后一个部门或产品的费用分配采用倒挤法计算。

3 | 第三章
建　账

■ 一、工作任务

（1）建立总分类账。

（2）建立库存现金日记账、银行存款日记账。

（3）建立相关明细账。

（4）建立相关备查账。

■ 二、2017 年发生额及 11 月 30 日期末余额（见表 3-1 ~ 表 3-15）

表 3-3 说明如下。

（1）持有的四川路桥的股票为 2017 年 7 月买入，共 10 000 股，买入价每股 4 元。

（2）持有的四川金华乳业股份有限公司（属于上市公司）股票为 2015 年 5 月买入，共
100 000 股，买入价每股 5 元，该投资作为可供出售金融资产核算，投资额 50 万元，占被
投资企业总股数的 1%。

（3）短期借款为 2017 年 10 月初从中国工商银行借入，半年期，每月计息，每季度付
息，到期还本，本金 128 000 元，年利率 4.8%。

（4）长期借款有 2 笔，其中一笔为 2015 年 12 月 31 日从工商银行成华区支行借入，本
金 8 000 000 元，3 年期，年利率 5%，按年计息，到期还本付息；另一笔为 2017 年 3 月 1
日从中国银行借入，2 年期，本金 3 825 000 元，年利率 6.5%，按年计息，到期还本付
息。两笔长期借款均用于流动资金周转。

（5）长期待摊费用——管理部门房屋装修费为 2016 年 12 月发生，次月开始分摊，金
额共计 138 840 元，分摊期限为两年。

（6）无形资产中仅有一项专利权，原值 72 000 元，摊销期限 10 年，无残值。由单板
车间使用。

（7）在途物资（覆膜纸）是 2017 年 11 月从红宇公司购入的，发票号码 678543。

表 3-1　总　账

（账户余额表）

单位：元

代码	账户名称	2017年年初余额 借方	2017年年初余额 贷方	2017年1—11月累计发生额 借方	2017年1—11月累计发生额 贷方	2017年11月月末余额 借方	2017年11月月末余额 贷方
1001	库存现金	4 800.00		158 510.00	159 610.00	3 700.00	
1002	银行存款	7 489 251.19		578 331 141.99	571 196 404.20	14 623 988.98	
1012	其他货币资金			350 000.00	350 000.00		
1101	交易性金融资产			49 700.00		49 700.00	
1121	应收票据			160 000.00		160 000.00	
1122	应收账款	430 000.00		3 503 145.00	2 587 000.00	1 346 145.00	
1123	预付账款	24 000.00			22 000.00	2 000.00	
1131	应收股利			300			300
1221	其他应收款	3 000.00		75 000.00	70 000.00	8 000.00	
1231	坏账准备		21 500.00				21 500.00
1402	在途物资			1 252 707.00	1 008 000.00	244 707.00	
1403	原材料	5 411 861.00		702 347 535.20	701 324 896.00	6 434 500.20	
14032	自制半成品	1 823 461.00		10 335 421.00	10 330 262.00	1 828 620.00	
1405	库存商品	3 900 000.00		55 207 400.00	55 007 400.00	4 100 000.00	
1407	发出商品			4 767 400.00	942 400.00	3 825 000.00	
1411	周转材料	29 865.50		161 000.00	179 200.00	11 665.50	
1503	可供出售金融资产	523 500.00		35300		558 800.00	
1601	固定资产	20 952 000.00			200 000.00	20 752 000.00	
1602	累计折旧		6 450 176.00		900 732.00		7 350 908.00

续表

代码	账户名称	2017年年初余额		2017年1—11月累计发生额		2017年11月月末余额	
		借方	贷方	借方	贷方	借方	贷方
1606	固定资产清理			80 000.00	80 000.00		
1701	无形资产	72 000.00				72 000.00	
1702	累计摊销		3 600.00		6 600.00		10 200.00
1801	长期待摊费用	138 840.00			63 635.00	75 205.00	
1811	递延所得税资产	5 375.00				5 375.00	
1901	待处理财产损溢			150 000.00	150 000.00		
2001	短期借款		200 000.00	572 000.00	500 000.00		128 000.00
2201	应付票据		50 000.00	135 000.00	316 024.00		231 024.00
2202	应付账款		400 000.00	1 100 000.00	960 000.00		260 000.00
2205	预收账款		54 000.00	150 000.00	120 000.00		24 000.00
2211	应付职工薪酬		361 852.10	14 519 954.09	14 605 026.76		446 924.77
2221	应交税费		183 522.22	3 247 043.75	3 178 547.04		115 025.51
2231	应付利息			15 000.00	16 024.00		1 024.00
2241	其他应付款		3 800.00	1 368 606.00	1 365 606.00		800
2501	长期借款		8 400 000.00		3 825 000.00		12 225 000.00
4001	实收资本		10 000 000.00				10 000 000.00
4002	资本公积		8 078 802.40				8 078 802.40
4003	其他综合收益		23 500.00		35300		58 800.00
4101	盈余公积		2 255 598.00				2 255 598.00
4103	本年利润			24 998 025.00	33 502 800.00		8 504 775.00

续表

代码	账 户 名 称	2017 年年初余额		2017 年 1—11 月累计发生额		2017 年 11 月月末余额	
		借方	贷方	借方	贷方	借方	贷方
4104	利润分配		5 389 325.00				5 389 325.00
5001	生产成本	1 010 000.00		54 930 000.00	54 940 000.00	1 000 000.00	
5101	制造费用			456 000.00	456 000.00		
6001	主营业务收入			33 160 700.00	33 160 700.00		
6051	其他业务收入			90 000.00	90 000.00		
6111	投资收益			300	300		
6201	公允价值变动损益						
6301	营业外收入			9 700.00	9 700.00		
6401	主营业务成本			242 100.00	242 100.00		
6402	其他业务成本			13 876 400.00	13 876 400.00		
6403	税金及附加			50 000.00	50 000.00		
6601	销售费用			1 358 700.00	1 358 700.00		
6602	管理费用			5 120 000.00	5 120 000.00		
6603	财务费用			1 643 000.00	1 643 000.00		
6711	营业外支出			81 000.00	81 000.00		
6801	所得税费用			34 000.00	34 000.00		
	合计	41 817 953.69	41 817 953.69	2 834 925.00	2 834 925.00		
				1 517 130 349.20	1 517 130 349.20	55 101 706.68	55 101 706.68

单位：元

表 3-2　日 记 账

（2017 年年初余额、1—11 月累计发生额及 11 月月末余额）

账户名称	2017 年年初余额		2017 年 1—11 月累计发生额		2017 年 11 月月末余额	
	借方	贷方	借方	贷方	借方	贷方
库存现金	4 800.00		158 510.00	159 610.00	3 700.00	
银行存款	7 489 251.19		578 331 141.99	571 196 404.20	14 623 988.98	
中行金堂县支行 4000138000445566777	4 035 321.00		435 634 221.00	434 411 230.00	5 258 312.00	
工商银行成华区支行 3520004567890000123	2 453 930.19		137 696 920.99	132 285 174.20	7 865 676.98	
成都银行金堂县支行 6565338299456800022	1 000 000.00		5 000 000.00	4 500 000.00	1 500 000.00	

单位：元

表 3-3　明 细 账

（2017 年发生额及余额）

代码	账户名称	2017 年年初余额		2017 年 1—11 月累计发生额		2017 年 11 月月末余额	
		借方	贷方	借方	贷方	借方	贷方
1101	交易性金融资产			49 700.00		49 700.00	
	——四川路桥（成本）			40 000.00		40 000.00	
	——四川路桥（公允价值变动）			9 700.00		9 700.00	
1121	应收票据			160 000.00		160 000.00	
	——成都兴阳建筑公司			90 000.00		90 000.00	
	——新达工厂			70 000.00		70 000.00	
1122	应收账款	430 000.00		3 503 145.00	2 587 000.00	1 346 145.00	
	——成都利好装饰公司	150 000.00		2 226 445.00	1 358 700.00	1 017 745.00	
	——恩红公司	100 000.00		776 700.00	858 300.00	18 400.00	
	——大营盘公司	80 000.00		500 000.00	370 000.00	210 000.00	
	——美特好家装公司	100 000.00				100 000.00	
1123	预付账款	24 000.00			22 000.00	2 000.00	
	——太平保险公司	24 000.00			22 000.00	2 000.00	
1131	应收股利			300			300
	——四川路桥			300			300
1231	其他应收款			75 000.00	70 000.00	8 000.00	
	——刘明	3 000.00		60 000.00	60 000.00	2 000.00	
	——王伟	2 000.00		7 000.00	7 000.00	1 000.00	
	——张凯	1 000.00		8 000.00	3 000.00	5 000.00	

续表

代码	账户名称	2017年年初余额		2017年1—11月累计发生额		2017年11月月末余额	
		借方	贷方	借方	贷方	借方	贷方
1402	在途物资			244 707.00		244 707.00	
	覆膜纸			244 707.00		244 707.00	
1503	可供出售金融资产	523 500				558 800	
	——成本	500 000				500 000	
	——公允价值变动	23 500		35 300		58 800	
1601	固定资产(见表3-11)	20 952 000.00			200 000.00	20 752 000.00	
1701	无形资产	72 000.00				72 000.00	
	——专利权	72 000.00				72 000.00	
1801	长期待摊费用	138 840.00			63 635.00	75 205.00	
	管理部门房屋装修费	138 840.00			63 635.00	75 205.00	
2001	短期借款		200 000.00	572 000.00	500 000.00		128 000.00
	中国工商银行		200 000.00	572 000.00	500 000.00		128 000.00
2201	应付票据		50 000.00	135 000.00	316 024.00		231 024.00
	海尔林木公司			85 000.00	316 024.00		231 024.00
	林汇五金机电公司		50 000.00	50 000.00			
2202	应付账款		400 000.00	1 100 000.00	960 000.00		260 000.00
	金堂县化工厂		319 000.00	600 000.00	449 500.00		168 500.00
	中原化工厂				10 000.00		10 000.00
	红宇公司			300 000.00	300 000.00		
	西山林业公司		80 000.00	160 000.00	160 000.00		80 000.00
	金堂县电力公司		1 000.00	40 000.00	40 500.00		1 500.00
2205	预收账款		54 000.00	150 000.00	120 000.00		24 000.00
	北方贸易公司		44 000.00	100 000.00	80 000.00		24 000.00
	滨江物资公司		10 000.00	50 000.00	40 000.00		
2221	应交税费		183 522.22	3 247 043.75	3 178 547.04		115 025.51
	未交增值税		142 843.21	142 843.21	156 637.38		156 637.38
	应交所得税		21 450.80	2 922 575.80	2 834 925.00		(-66 200.00)
	应交个人所得税		4 943.89	167 340.42	171 320.92		8 924.39
	应交城建税		7 142.16	7 142.16	7 831.87		7 831.87
	应交教育费附加		4 285.30	4 285.30	4 699.12		4 699.12
	应交地方教育费附加		2 856.86	2 856.86	3 132.75		3 132.75
2211	应付职工薪酬		361 852.10	14 519 954.09	14 605 026.76		446 924.77

续表

代码	账户名称	2017年年初余额		2017年1—11月累计发生额		2017年11月月末余额	
		借方	贷方	借方	贷方	借方	贷方
	——社会保险基金			1 884 030.50	1 884 030.50		
	——住房公积金			632 225.00	632 225.00		
	——工资		361 852.10	10 341 953.35	10 427 026.02		446 924.77
	——职工福利			1 385 245.24	1 385 245.24		
	——职工教育经费			13 000.00	13 000.00		
	——工会经费			263 500.00	263 500.00		
2241	其他应付款		3 800.00	1 368 606.00	1 365 606.00		800.00
	——张青		3 800.00	3 000.00			800.00
	——应交社保基金			733 381.00	733 381.00		
	——应交住房公积金			632 225.00	632 225.00		
2232	应付利息			15 000.00	16 024.00		1 024.00
	——短期借款利息			15 000.00	16 024.00		1 024.00
2601	长期借款		8 400 000.00				12 225 000.00
	——本金（工商银行）		8 000 000.00				8 000 000.00
	——应计利息（工商银行）		400 000.00				400 000.00
	——本金（中国银行）				3 825 000.00		3 825 000.00
4001	实收资本		10 000 000.00				6 000 000.00
	——赵英武		6 000 000.00				6 000 000.00
	——明佳实业		2 500 000.00				2 500 000.00
	——新华食品厂		1 500 000.00				1 500 000.00
4002	资本公积		7 737 749.40				7 737 749.40
	——资本溢价		7 737 749.40				7 737 749.40
4101	盈余公积		255 598.00				255 598.00
	——法定盈余公积		124 000.00				124 000.00
	——任意盈余公积		131 598.00				131 598.00
4104	利润分配		3 389 325.00				3 389 325.00
	——未分配利润		3 389 325.00				3 389 325.00

表 3-4 管 理 费 用

（2017 年 1—11 月累计发生额）   单位：元

项目	职工薪酬及附加	办公费	折旧费	修理费	物料消耗及摊销	业务招待费	其他	合计
金额	520 000	2 780	696 889.4	15 788	6 600	389 942.6	12 000	1 643 000

表 3-5 销 售 费 用

（2017 年 1—11 月累计发生额）   单位：元

项目	职工薪酬及附加	办公费	折旧费	修理费	物料消耗及摊销	业务招待费	广告宣传费	合计
金额	2 875 535.4	5 436.8	732 145.5	256 241	8 400	956 241.3	286 000	5 120 000

表 3-6 存 货 明 细 账

（2017 年 11 月 30 日期末余额）   单位：元

一级科目	二级科目	三级科目	编号	规格	计量单位	单价	数量	明细账余额
原材料	原料及主要材料	柳桉原木	A01		m^3	1 800.00	2 000	3 600 000.00
		杨木原木	A02		m^3	1 200.00	1 200	1 440 000.00
		脲醛树脂	A03		kg	3.00	80 000	240 000.00
		酚醛树脂	A04		kg	5.00	59 640.04	298 200.20
		纯碱	A05		kg	2.00	10 000	20 000.00
		氯化铵	A06		kg	1.50	5 000	7 500.00
		氨水	A07		kg	1.00	3 000	3 000.00
		碳酸钙	A08		kg	1.20	20 000	24 000.00
		乌洛托品	A09		kg	6.00	2 000	12 000.00
		面粉	A10		kg	1.80	30 000	54 000.00
		覆膜纸	A11		包	140.00	2 000	280 000.00
		油料	A12		吨	8 600.00	40	344 000.00
		小计						6 322 700.20
	修理备件	车件	B01		个	1.00	40 000	40 000.00
		管件	B02		个	1.50	13 000	19 500.00
		五金机电	B03		件	50.00	500	25 000.00
		工具	B04		件	3.00	600	1 800.00
		小计						86 300.00

一级科目	二级科目	三级科目	编号	规格	计量单位	单价	数量	明细账余额
原材料	废料	断尾材	C01		m³	300.00	60	18 000.00
		废单板	C02		m³	400.00	18.75	7 500.00
		小计						25 500.00
	合计							6 434 500.20
自制半成品	单板	柳桉单板	101		m³	2 980.00	419	1 248 620.00
		杨木单板	102		m³	2 500.00	232	580 000.00
	合计							1 828 620.00
周转材料		开口扳手	D01	K2.0	把	9.00	25	225.00
		工作服	D02		套	80.00	100	8 000.00
		专用手套	D03		副	1.60	185	296.00
		打印纸	D04	A4	包	20.00	25	500.00
		稿签纸	D05		本	2.85	30	85.50
		墨盒	D06	813	盒	119.00	10	1 190.00
		开关	D07		个	5.80	57	330.60
		签字笔	D08	0.7	盒	16.80	30	504.00
		电线	D09		米	3.20	167	534.40
	合计							11 665.50
库存商品		普通板	201	5×1 220×2 440	m³	4 000.00	500	2 000 000.00
		覆膜板	202	15×1 220×2 440	m³	5 250.00	400	2 100 000.00
	合计							4 100 000.00
发出商品		普通板	201	5×1 220×2 440	m³	4 000	300	1 200 000.00
		覆膜板	202	15×1 220×2 440	m³	5 250	500	2 625 000.00
	合计							3 825 000.00

表 3-7 基本生产明细账——柳桉单板

（12 月 1 日期初余额）

车间：单板车间　　　　　　　　半成品名称：柳桉单板　　　　　　　　代号：101

期初在产品数量：50m³　　　　　　　　　　　　　　　　　　　　　　单位：元

2017 年		摘　要	成 本 项 目			
月	日		直接材料	直接人工	制造费用	合计
12	1	期初余额	105 000	3 000	52 000	160 000

表 3-8 基本生产明细账——杨木单板

（12 月 1 日期初余额）

车间：单板车间　　　　　　　　半成品名称：杨木单板　　　　　　　　代号：102

期初在产品数量：80m³　　　　　　　　　　　　　　　　　　　　　　单位：元

2017 年		摘　要	成 本 项 目			
月	日		直接材料	直接人工	制造费用	合计
12	1	期初余额	96 000	4 000	48 000	148 000

表 3-9 基本生产明细账——普通板

（12 月 1 日期初余额）

车间：胶合车间　　　　　　　　产成品名称：普通板　　　　　　　　代号：201

期初在产品数量：80m³　　　　　　　　　　　　　　　　　　　　　　单位：元

2017 年		摘　要	成 本 项 目			
月	日		直接材料	直接人工	制造费用	合计
12	1	期初余额	286 000	4 000	70 000	360 000

表 3-10 基本生产明细账——覆膜板

（12 月 1 日期初余额）

车间：胶合车间　　　　　　　　产成品名称：覆膜板　　　　　　　　代号：202

期初在产品数量：60m³　　　　　　　　　　　　　　　　　　　　　　单位：元

2017 年		摘　要	成 本 项 目			
月	日		直接材料	直接人工	制造费用	合计
12	1	期初余额	243 000	4 000	85 000	332 000

表 3-11 固定资产明细资料

明细资料（代固定资产卡片）

2017 年 11 月 30 日

单位：元

使用部门或存放地点	固定资产编号	名称	规格	单位	数量	单价	原始价值	开始计提折旧时间及使用时间	累计已提折旧	预计净残值额
单板车间	0301～0302	旋切机	x5654801	台	2	250 000	500 000.00	2012 年 5 月 /8 年	343 375.00	8 000.00
	4512	烘干机	xk752	台	1	1 500 000	1 500 000.00	2017 年 7 月 /10 年	61 250.00	30 000.00
	1021	车间厂房	1 500m²	m²			3 000 000.00	2006 年 5 月 /25 年	1 268 375.00	262 500.00
胶合车间	0541～0542	涂胶机	ym578	台	2	200 000	400 000.00	2011 年 7 月 /8 年	308 000.00	16 000.00
	5311	热压机	yu3321	台	1	160 000	160 000.00	2013 年 7 月 /8 年	67 840.00	37 120.00
	2101	砂光机	ck232	台	1	12 000	12 000.00	2013 年 7 月 /8 年	5 088.00	2 784.00
	5124	覆膜机	m524111	台	1	18 000	18 000.00	2013 年 5 月 /10 年	7 920.00	720.00
	1022	车间厂房	1 621m²	m²			4 000 000.00	2006 年 5 月 /25 年	1 445 600.00	880 000.00
运输部	1221～1222	货车	8T	辆	2	50 000	100 000.00	2014 年 5 月 /8 年	43 000.00	4 000.00
	1223	货车	12T	辆	1	80 000	80 000.00	2014 年 5 月 /8 年	34 400.00	3 200.00
	1241～1245	拖车	MS2123	辆	5	20 000	100 000.00	2013 年 2 月 /7 年	58 000.00	16 000.00
	1231	装卸车	f 232	辆	1	30 000	30 000.00	2013 年 2 月 /7 年	17 400.00	4 800.00
	1251～1244	铲车	KF2134	辆	4	25 000	100 000.00	2013 年 2 月 /7 年	58 000.00	16 000.00
	1023	车间厂房	40m²	m²			100 000.00	2009 年 5 月 /25 年	30 900.00	10 000.00
蒸汽车间	8214～8216	锅炉	WE1121	台	3	250 000	750 000.00	2013 年 2 月 /8 年	417 600.00	58 800.00
	8217～8218	锅炉	WE1122	台	2	125 000	250 000.00	2015 年 2 月 /8 年	68 000.00	58 000.00
	1024	车间厂房	500m²	m²			1 200 000.00	2006 年 5 月 /25 年	500 400.00	120 000.00

续表

明细资料（代固定资产卡片）

使用部门或存放地点	固定资产编号	名称	规格	单位	数量	单价	原始价值	开始计提折旧时间及使用时间	累计已提折旧	预计净残值额
调胶车间	3214~3215	调胶机	c2313	台	2	250 000	500 000.00	2013年7月/8年	222 600.00	96 800.00
	1024	车间厂房	80m²	m²			200 000.00	2006年5月/25年	83 400.00	20 000.00
	1031	办公楼	200m²	m²			540 000.00	2006年5月/25年	225 180.00	54 000.00
	7411~7412	空调	格力 KCT-402W	台	2	9 000	18 000.00	2009年5月/10年	14 832.00	720.00
营销部	6101~6112	电脑	联想 4376	台	12	3 500	42 000.00	2015年2月/5年	21 420.00	4 200.00
	5701~5702	小轿车	大众速腾	辆	2	150 000	300 000.00	2013年2月/15年	87 000.00	30 000.00
	6201	办公设备	XPV145	套	1	20 000	20 000.00	2015年2月/5年	10 404.00	1 640.00
	1041	门面房	80m²	m²			100 000.00	2006年5月/25年	27 800.00	40 000.00
	1051	原木仓库	200m²	m²			100 000.00	2006年5月/25年	27 800.00	40 000.00
	1052	物料仓库	200m²	m²			200 000.00	2006年5月/25年	55 600.00	80 000.00
	1053	单板仓库	250m²	m²			300 000.00	2006年5月/25年	83 400.00	120 000.00
	1054	成品仓库	350m²	m²			400 000.00	2006年5月/25年	111 200.00	160 000.00
	1032	办公楼	2 000m²	m²			4 000 000.00	2006年5月/25年	1 112 000.00	1 600 000.00
管理部门	7410	空调	海尔 KFRd-501w	台	1	4 800	5 000.00	2009年12月/10年	3 648.00	440.00
	7413~7417	空调	格力 KCT-402W	台	5	9 000	45 000.00	2009年5月/10年	37 080.00	1 800.00
	6113~6137	电脑	联想 4376	台	25	3 600	90 000.00	2015年2月/5年	45 900.00	9 000.00
	6202~6205	办公设备	XPV146	套	8	17 750	142 000.00	2015年2月/5年	37 196.00	76 360.00
	5706	小轿车	奥迪 A4	辆	1	600 000	600 000.00	2017年2月/15年	27 000.00	114 000.00
	5703~5705	小轿车	大众速腾	辆	3	150 000	450 000.00	2013年2月/15年	130 500.00	45 000.00
后勤部	9101	医疗设备	P0097N	套	1	100 000	100 000.00	2011年5月/8年	71 100.00	13 600.00
	9701	炊事设备	23N90	套	1	200 000	200 000.00	2006年5月/15年	139 000.00	20 000.00
	1041~1045	房屋	500m²	m²			100 000.00	2006年5月/25年	41 700.00	10 000.00
合计							20 752 000.00		7 350 908.00	4 065 484.00

注：覆膜机作为专用设备，其折旧费由覆膜板承担。

表 3-12　基本生产车间——单板车间投入产出结存表

(2017 年 12 月生产月报)

项　目	柳桉单板(半成品)产品代号 101	杨木单板(半成品)产品代号 102
月初结存在产品数量/m³	50	80
本月投产数量/m³	1 655	1 650
本月产出数量/m³	1 520	1 450
月末结存在产品数量/m³	185	280
月末在产品完工程度/%	40	40
生产工时	12 000	18 000
备注:		

表 3-13　基本生产车间——胶合车间投入产出结存表

(2017 年 12 月生产月报)

项　目	普通板(产成品)产品代号 201	覆膜板(产成品)产品代号 202
月初结存在产品数量/m³	80	60
本月投产数量/m³	950	860
本月产出数量/m³	900	720
月末结存在产品数量/m³	130	170
月末在产品完工程度/%	80	80
生产工时	6 000	9 000
备注:		

表 3-14　资产负债表

编制单位：成都永兴建材有限责任公司　　　2017 年 11 月 30 日　　　　　单位：元

资　产	年初数	期末数	负债及所有者权益	年初数	期末数
流动资产			流动负债		
货币资金	7 494 051.19	14 627 688.98	短期借款	200 000.00	128 000.00
交易性金融资产		49 700.00	交易性金融负债		
应收票据		160 000.00	应付票据	50 000.00	231 024.00
应收账款	408 500.00	1 324 645.00	应付账款	400 000.00	260 000.00
预付账款	24 000.00	2 000.00	预收款项	54 000.00	24 000.00
应收利息			应付职工薪酬	361 852.10	446 , 924.77
应收股利		300	应交税费	125 800.19	115 025.51
其他应收款	3 000.00	8 000.00	应付利息		1 024.00
存货	12 175 187.50	13 619 492.70	应付股利		

续表

资　　产	年初数	期末数	负债及所有者权益	年初数	期末数
流动资产			流动负债		
一年内到期的非流动资产			其他应付款	3 800.00	800
其他流动资产			一年内到期的非流动负债		
流动资产合计	20 104 738.69	29 791 826.68	其他流动负债		
非流动资产			流动负债合计	1 195 452.29	1 206 798.28
可供出售金融资产	523 500	558 800	非流动负债:		
持有至到期投资			长期借款	8 400 000.00	8 400 000.00
长期应收款			应付债券		
长期股权投资			长期应付款		
投资性房地产			专项应付款		
固定资产	14 501 824.00	13 401 092.00	预计负债		
在建工程			递延所得税负债		
工程物资			其他非流动负债		
固定资产清理			非流动负债合计	8 400 000.00	8 400 000.00
生产性生物资产			负债合计	9 595 452.29	9 606 798.28
油气资产			所有者权益(或股东权益):		
无形资产	68 400.00	61 800.00	实收资本(或股本)	10 000 000.00	10 000 000.00
开发支出			资本公积	8 078 802.40	8 078 802.40
商誉			减:库存股		
长期待摊费用	138 840.00	75 205.00	其他综合收益	23 500	58 800
递延所得税资产	5 375	5 375	盈余公积	2 255 598.00	2 255 598.00
其他非流动资产			未分配利润	5 389 325.00	13 894 100.00
非流动资产合计	15 237 939.00	14 102 272.00	所有者权益合计	25 747 225.40	34 287 300.40
资产总计	35 342 677.69	43 894 098.68	负债和所有者权益(或股东权益)总计	35 342 677.69	43 894 098.68

表 3-15 利 润 表

编制单位：成都永兴建材有限责任公司　　　　2017 年 11 月　　　　　　　　单位：元

项　　目	本 期 金 额	本年累计金额
一、营业收入	9 025 907.00	33 250 700.00
减：营业成本	5 092 330.00	13 926 400.00
税金及附加	55 740.00	1 358 700.00
减：销售费用	110 913.00	5 120 000.00
管理费用	1 140 322.00	1 643 000.00
财务费用	15 470.00	81 000.00
资产减值损失		
加：公允价值变动收益（损失以"－"号填列）		9 700.00
投资收益（损失以"－"号填列）	300.00	300.00
其中：对联营企业和合营企业的投资收益		
二、营业利润（亏损以"－"号填列）	2 611 432.00	11 131 600.00
加：营业外收入	102 700.00	242 100.00
减：营业外支出	5 600.00	34 000.00
其中：非流动资产处置损失		
三、利润总额（亏损总额以"－"号填列）	2 708 532.00	11 339 700.00
减：所得税费用	677 133.00	2 834 925.00
四、净利润（净亏损以"－"号填列）	2 031 399.00	8 504 775.00
五、每股收益		
（一）基本每股收益		
（二）稀释每股收益		
六、其他综合收益	23 500.00	58 800.00
七、综合收益总额	2 054 899.00	8 563 575.00

4 第四章
企业日常业务核算

一、工作任务

（1）会计人员审核每笔经济业务的原始凭证并完善相关手续；

（2）会计人员根据审核无误的原始凭证填制记账凭证，并交财务主管审核签字；

（3）出纳登记库存现金日记账和银行存款日记账，会计人员登记相关明细账；

（4）按旬编制科目汇总表，审核后登记总账。

二、日常业务核算

凭证 1-1/2

ICBC 中国工商银行　　　　　借 款 凭 证（回单）

单位编号：342121　　　　　　　　日期：2017年12月1日　　　　　　　　银行编号：0110

借款人	名　　称	成都永兴建材有限责任公司	收款人	名　称	成都永兴建材有限责任公司
	账　　号	352000456789000123		往来账号	145685088096002
	开户银行	工商银行成华区支行		开户银行	工商银行成华区支行

| 借款期限
（最后还款日） | 2018年3月31日 | | 借款计划指标 | | |

借款申请金额	人民币(大写)：贰拾万元整	千	百	十	万	百	十	元	角	分
			¥ 2	0	0	0	0	0	0	0
借款原因及用途	生产经营周转用 银行核对金额	千	百	十	万	百	十	元	角	分
			¥ 2	0	0	0	0	0	0	0

期限	计划还款日期	√	计划还款金额	分次还款记录	期次	还款日期	还款金额	结欠
1	2018年3月31日		248600					

备注：月利率6‰，期限4个月	上述借款业已同意贷给并转入你单位往来账户，借款到期时应按期归还 此致 借款单位 （银行盖章） 2017年12月1日

凭证 1-2/2

ICBC 中国工商银行进账单（收账通知）1

2017年12月1日   第43号

出票人	全　　称	中国工商银行成华区支行	收款人	全　　称	成都永兴建材有限责任公司
	账　　号	3205623712345660000		账　　号	352000456789000123
	开户银行	工商银行成华区支行营业部		开户银行	工商银行成华区支行

人民币（大写）	贰拾万元整	千	百	十	万	千	百	十	元	角	分
			￥2	0	0	0	0	0	0	0	0

票据种类	借款凭证	票据张数	1张
票据号码			

中国工商银行
成华区支行
2017.12.01
转账

单位主管　　会计　　复核　　记账　　　　　　　开户银行签章

凭证 2-1/2

门面房出租协议

甲方：成都永兴建材有限责任公司（以下简称甲方）

法定地址：成都市金堂县赵镇金堂工业园。

法人代表：赵英武

乙方：利达五金电器商行（以下简称乙方）

法定地址：成都市新都区斑竹园镇和平路53号

法人代表：刘立永

第一条 甲方将拥有的位于金堂县新河大道32号门面房150平方米出租给乙方。租期1年，到期后乙方有优先租赁权。

第二条 租金每月含税8400元，大写：捌仟肆佰元整。

第三条 租金支付方式为季度支付，在每季度初预先支付本季度租金25200元。

第四条 为保证乙方履行义务，甲方在合同签定日收取乙方押金10000元，合同期满后归还乙方。

……

第八条 协议自签订之日起生效。

甲方（公章）：成都永兴建材有限责任公司

甲方代表（签字）：赵英武

2017年12月1日

乙方：利达五金电器商行

乙方代表（签字）：刘立永

2017年12月1日

凭证 2-2/2

<h2 style="text-align:center">中国工商银行进账单（收账通知）1</h2>

2017年12月1日   第801号

出票人	全 称	利达五金电器商行	收款人	全 称	成都永兴建材有限责任公司
	账 号	4562311106846810000		账 号	4000138000445566777
	开户银行	中国银行新都区支行斑竹园分理处		开户银行	中国银行金堂县支行

人民币（大写）	叁万伍仟贰佰元整		千	百	十	万	千	百	十	元	角	分
					¥	3	5	2	0	0	0	0
票据种类	借款凭证	票据张数	1张									
票据号码	4534231											

此联收款人开户银行交给收款人的收账通知

中国银行
金堂县支行
2017.12.01
转讫

单位主管　会计　复核　记账　　　　　　开户银行签章

凭证 3-1/1

<h2 style="text-align:center">收　料　单</h2>

材料科目：原材料　　　　　　　　　　　　　　　　编　号：B201
材料类别：原材料及主要材料　　　　　　　　　　　收料仓库：物料仓库
供应单位：中原化工厂　　　　2017年12月1日　　　发票号码：

种类	编号	名称	规格	数量	单位	单价	成本总额									
							千	百	十	万	千	百	十	元	角	分
材料	A04	酚醛树脂		−2000	千克	5.00		¥	1	0	0	0	0	0	0	0
备注								¥	1	0	0	0	0	0	0	0

第三联　财务记账

负责人：孙立　　　记账：边小红　　　验收：张华　　　保管员：陈如龙

说明：从中原化工厂购入的酚醛树脂，货到单未到，11月月底暂估入账，本月初冲销上月暂估入账材料。

凭证 4-1/6

四川省成都市农产品收购发票

抵扣联
国家税务总局监制

开票日期：2017年12月2日

发票代码：246158101547
发票号码：00061254

销货人	云南禄丰（高师）桉树种植园		身份证号码														
详细地址	云南楚雄彝族禄丰县惠民路															

品　名	等级	单位	数量			单价	金额								
			毛重	折扣	净重		千	百	十	万	千	百	十	元	角	分
柳桉原木	1	m³	2000		2000	1930		3	8	6	0	0	0	0	0	0

合计人民币（大写）　人民币叁佰捌拾陆万元整		¥ 3 8 6 0 0 0 0 0
收购单位名称	成都永兴建材有限责任公司	纳税人登记证号 140128378961001
地址电话	成都市金堂县赵镇金堂工业园	开户银行及账号 中国银行金堂县支行4000138000445566777

收购单位（盖章有效）　　开票人：杨慧　　销货人签字：马凡勇

第三联 税务抵扣联

凭证 4-2/6

四川省成都市农产品收购发票

抵扣联
国家税务总局监制

开票日期：2017年12月2日

发票代码：246158101547
发票号码：00061254

销货人	云南禄丰（高师）桉树种植园		身份证号码														
详细地址	云南楚雄彝族禄丰县惠民路															

品　名	等级	单位	数量			单价	金额								
			毛重	折扣	净重		千	百	十	万	千	百	十	元	角	分
柳桉原木	1	m³	2000		2000	1930		3	8	6	0	0	0	0	0	0

合计人民币（大写）　人民币叁佰捌拾陆万元整		¥ 3 8 6 0 0 0 0 0
收购单位名称	成都永兴建材有限责任公司	纳税人登记证号 140128378961001
地址电话	成都市金堂县赵镇金堂工业园	开户银行及账号 中国银行金堂县支行4000138000445566777

收购单位（盖章有效）　　开票人：杨慧　　销货人签字：马凡勇

第四联 记账联

凭证 4-3/6

货物运输业增值税专用发票

5100133713

抵扣联

5100133713
36101223

No. 00442411
开票日期：2017年12月2日

承运人及纳税人识别号	昆明野马运输有限公司 443274532210777	密码区	（略）	
实际受票方及纳税人识别号	成都永兴建材有限责任公司 140128378961001			
收货人及纳税人识别号	成都永兴建材有限责任公司 140128378961001	发货人及纳税人识别号	云南禄丰（高师）桉树种植园	
起运地、经由、到达地		禄丰—重庆—成都		

费用项目及金额	费用项目 柳桉原木运输	金额 2450.00	运输货物信息	

合计金额：贰仟肆佰伍拾元整	税率	11%	税额	269.50	机器编号	589912674001

价税合计	⊗贰仟柒佰壹拾玖元五角整	（小写）	¥2719.50

车种车号	云A93412	车船吨位	850	备注	昆明野马运输有限公司 发票专用章
主管税务机关及代码	昆明市桥东区国税局税源管理三科 23547433670				

收款人：杨树　　复核人:杨树　　开票人:杨树　　承运人（章）

第二联 抵扣联 受票方扣税凭证

凭证 4-4/6

货物运输业增值税专用发票

5100133713
36101223

5100133713
发票联

No.00442411
开票日期：2017年12月2日

承运人及纳税人识别号	昆明野马运输有限公司 443274532210777	密码区	（略）	
实际受票方及纳税人识别号	成都永兴建材有限责任公司 140128378961001			
收货人及纳税人识别号	成都永兴建材有限责任公司 140128378961001	发货人及纳税人识别号	云南禄丰（高师）桉树种植园	
起运地、经由、到达地		禄丰—重庆—成都		

费用项目及金额	费用项目 　　　　　金额 柳桉原木运输 　　　2450.00	运输货物信息

合计金额：贰仟肆佰伍拾元整	税率	11%	税额	269.50	机器编号	589912674001
价税合计	⊗贰仟柒佰壹拾玖元五角整			（小写）	￥2719.50	
车种车号	云A93412	车船吨位	850	备注		
主管税务机关及代码	昆明市桥东区国税局税源管理三科 23547433670					

收款人：杨树　　　复核人：杨树　　　开票人：杨树　　　承运人（章）

第三联　发票联　受票方记账凭证

凭证 4-5/6

中国银行
转账支票存根
支票号码 332245216

附加信息

签发日期	2017年12月2日
收款人：	云南禄丰（高师）桉树种植园
金　额：	￥3860000.00
用　途：	支付货款
备　注	
单位主管：	会计：杨慧

凭证 4-6/6

中国银行
转账支票存根
支票号码 332245217

附加信息

签发日期	2017年12月2日
收款人：	昆明野马运输有限公司
金　额：	￥2719.50
用　途：	支付运费
备　注	
单位主管：	会计：杨慧

凭证 5-1/1

收 料 单

材料科目：原材料
材料类别：原材料及主要
供应单位：红宇公司

编　　号：B202
收料仓库：物料仓库
发票号码：678543

2017年12月3日

种类	编号	名称	规格	数量	单位	单价	成本总额									
							千	百	十	万	千	百	十	元	角	分
材料	A11	覆膜纸		1700	包											
备注																

负责人：孙立　　　记账：边小红　　　验收：张华　　　保管员：陈如龙

第三联　财务记账

凭证 6-1/16

领 料 单

发货仓库：原木仓库
领料部门：单板车间　　　制造令号（BOM）：101（柳桉单板）

第A101号
2017年12月3日

类别	编号	名称型号	单位	应发数量	实发数量	单位成本	金　额
材料	A11	柳桉原木	m³	1000	1000		
合　　计							

负责人：　　　经发：何晓华　　　保管：周大林　　　填单：周大林

第三联　财务记账

凭证 6-2/16

领 料 单

发货仓库：原木仓库
领料部门：单板车间　　　制造令号（BOM）：102（杨木单板）

第A102号
2017年12月3日

类别	编号	名称型号	单位	应发数量	实发数量	单位成本	金　额
材料	A02	杨木原木	m³	1000	1000		
合　　计							

负责人：　　　经发：何晓华　　　保管：周大林　　　填单：周大林

第二联　财务记账

凭证 6-3/16

领 料 单

发货仓库：物料仓库　　　　　　　　　　　　　　　　　　　　第A201号
领料部门：单板车间　　　制造令号（BOM）：　　　　　　　2017年12月3日

类别	编号	名称型号	单位	应发数量	实发数量	单位成本	金 额
材料	D02	工作服	套	40	40		
材料	D04	打印纸	包	10	10		
材料	D08	签字笔	盒	10	10		
合　计							

负责人：　　　　经发：张华　　　　保管：陈如龙　　　　填单：陈如龙

第三联　财务记账

凭证 6-4/16

领 料 单

发货仓库：单板仓库　　　　　　　　　　　　　　　　　　　　第A301号
领料部门：胶合车间　　　制造令号（BOM）：201（普通板）　2017年12月3日

类别	编号	名称型号	单位	应发数量	实发数量	单位成本	金 额
材料	101	柳桉单板	m³	200	200		
材料	102	杨木单板	m³	100	100		
合　计							

负责人：　　　　经发：李明　　　　保管：张友佳　　　　填单：张友佳

第三联　财务记账

凭证 6-5/16

领 料 单

发货仓库：物料仓库　　　　　　　　　　　　　　　　　　　　第A302号
领料部门：胶合车间　　　制造令号（BOM）：202（覆膜板）　2017年12月3日

类别	编号	名称型号	单位	应发数量	实发数量	单位成本	金 额
材料	101	柳桉单板	m³	350	350		
材料	102	杨木单板	m³	200	200		
合　计							

负责人：　　　　经发：李明　　　　保管：张友佳　　　　填单：张友佳

第三联　财务记账

凭证 6-6/16

领 料 单

发货仓库：物料仓库 第A202号
领料部门：胶合车间　　　　　　制造令号（BOM）：　　　　　　　　2017年12月3日

类别	编号	名称型号	单位	应发数量	实发数量	单位成本	金　额
材料	B01	车件	个	8000	8000		
材料	B02	管件	个	2000	2000		
材料	B04	工具	件	100	100		
合　计							

负责人：　　　　　　经发：易如意　　　　　　保管：陈如龙　　　　　　填单：陈如龙

第三联　财务记账

凭证 6-7/16

领 料 单

发货仓库：物料仓库 第A203号
领料部门：胶合车间　　　　　　制造令号（BOM）：202（覆膜板）　　　2017年12月3日

类别	编号	名称型号	单位	应发数量	实发数量	单位成本	金　额
材料	A11	覆膜纸	包	2500	2500		
合　计							

负责人：　　　　　　经发：易如意　　　　　　保管：陈如龙　　　　　　填单：陈如龙

第三联　财务记账

凭证 6-8/16

领 料 单

发货仓库：物料仓库 第A204号
领料部门：胶合车间　　　　　　制造令号（BOM）：　　　　　　　　2017年12月3日

类别	编号	名称型号	单位	应发数量	实发数量	单位成本	金　额
材料	B03	五金机电	件	24	24		
材料	D01	开口扳手	把	5	5		
材料	D07	开关	个	10	10		
材料	D09	电线	米	20	20		
合　计							

负责人：　　　　　　经发：易如意　　　　　　保管：陈如龙　　　　　　填单：陈如龙

第三联　财务记账

凭证 6-9/16

领 料 单

发货仓库：物料仓库　　　　　　　　　　　　　　　　　　第A205号
领料部门：运输部　　　　　制造令号（BOM）：　　　　　2017年12月3日

类别	编号	名称型号	单位	应发数量	实发数量	单位成本	金　额
材料	B01	车件	个	6000	6000		
材料	B02	管件	个	1000	1000		
材料	B04	工具	件	300	300		
材料	B03	五金机电	件	10	10		
合　计							

负责人：　　　　经发：易如意　　　　保管：陈如龙　　　　填单：陈如龙

第三联　财务记账

凭证 6-10/16

领 料 单

发货仓库：物料仓库　　　　　　　　　　　　　　　　　　第A206号
领料部门：胶合车间　　　　制造令号（BOM）：　　　　　2017年12月3日

类别	编号	名称型号	单位	应发数量	实发数量	单位成本	金　额
材料	A12	油料	吨	3	3		
材料	D02	工作服	套	10	10		
合　计							

负责人：　　　　经发：易如意　　　　保管：陈如龙　　　　填单：陈如龙

第三联　财务记账

凭证 6-11/16

领 料 单

发货仓库：物料仓库　　　　　　　　　　　　　　　　　　第A207号
领料部门：蒸汽车间　　　　制造令号（BOM）：　　　　　2017年12月3日

类别	编号	名称型号	单位	应发数量	实发数量	单位成本	金　额
材料	B01	车件	个	2000	2000		
材料	B02	管件	个	10000	10000		
材料	B04	工具	件	100	100		
材料	B03	五金机电	件	20	20		
合　计							

负责人：　　　　经发：易如意　　　　保管：陈如龙　　　　填单：陈如龙

第三联　财务记账

凭证 6-12/16

<h1 style="text-align:center">领 料 单</h1>

发货仓库：物料仓库　　　　　　　　　　　　　　　　　　　　　　第A208号

领料部门：蒸汽车间　　　　　制造令号（BOM）：　　　　　　　2017年12月3日

类别	编号	名称型号	单位	应发数量	实发数量	单位成本	金 额
材料	A12	油料	吨	20	20		
材料	D01	开口扳手	把	5	5		
材料	D03	专业手套	副	20	20		
合　计							

负责人：　　　　　经发：易如意　　　　　保管：陈如龙　　　　　填单：陈如龙

第三联　财务记账

凭证 6-13/16

<h1 style="text-align:center">领 料 单</h1>

发货仓库：物料仓库　　　　　　　　　　　　　　　　　　　　　　第A209号

领料部门：调胶车间　　　　　制造令号（BOM）：　　　　　　　2017年12月3日

类别	编号	名称型号	单位	应发数量	实发数量	单位成本	金 额
材料	A03	脲醛树脂	kg	40000	40000		
材料	A04	酚醛树脂	kg	30000	30000		
材料	A05	纯碱	kg	5000	5000		
材料	A06	氯化铵	kg	2500	2500		
合　计							

负责人：　　　　　经发：易如意　　　　　保管：陈如龙　　　　　填单：陈如龙

第三联　财务记账

凭证 6-14/16

<h1 style="text-align:center">领 料 单</h1>

发货仓库：物料仓库　　　　　　　　　　　　　　　　　　　　　　第A210号

领料部门：调胶车间　　　　　制造令号（BOM）：　　　　　　　2017年12月3日

类别	编号	名称型号	单位	应发数量	实发数量	单位成本	金 额
材料	A07	氨水	kg	1500	1500		
材料	A08	碳酸钙	kg	10000	10000		
材料	A09	乌洛托品	kg	1000	1000		
材料	A10	面粉	kg	15000	15000		
合　计							

负责人：　　　　　经发：易如意　　　　　保管：陈如龙　　　　　填单：陈如龙

第三联　财务记账

凭证 6-15/16

领 料 单

发货仓库：物料仓库　　　　　　　　　　　　　　　　　　　第A211号
领料部门：调胶车间　　　　制造令号（BOM）：　　　　　　2017年12月3日

类别	编号	名称型号	单位	应发数量	实发数量	单位成本	金　额
材料	B03	五金机电	件	2	2		
材料	D07	开关	个	4	4		
合　计							

负责人：　　　　经发：易如意　　　　保管：陈如龙　　　　填单：陈如龙

第三联　财务记账

凭证 6-16/16

领 料 单

发货仓库：物料仓库　　　　　　　　　　　　　　　　　　　第A212号
领料部门：行政部　　　　制造令号（BOM）：　　　　　　2017年12月3日

类别	编号	名称型号	单位	应发数量	实发数量	单位成本	金　额
材料	B03	五金机电	件	4	4		
材料	A12	油料	个	1	1		
材料	D04	打印纸	包	10	10		
材料	D06	墨盒	盒	3	3		
合　计							

负责人：　　　　经发：易如意　　　　保管：陈如龙　　　　填单：陈如龙

第三联　财务记账

凭证 7-1/2

差旅费报销单
2017年12月3日

姓名　张凯　　　　部门　营销部　　　　出差事由　西安出差　　　　单据张数6张

起止日期				起止地点	火车费	市内车费	住宿费	途中伙食补助			出勤费		其他
月	日	月	日					标准	天数	金额	天数	金额	
11	26	12	2	成都—西安	226.00	148.00	1450.00	60.00	7.0	420.00	7.0	700.00	
合　计					226.00	148.00	1450.00	60.00	7.00	420.00	7.00	700.00	

人民币（大写）贰仟玖佰肆拾肆元整　　　　　　应退（补）：／

审核：　　　　　　　部门主管：刘东科　　　　　　　财务主管：苏科峰

凭证 7-2/2

收 款 收 据

2017年12月3日

编号：154798

交款人（单位）	张凯								
摘　　要	报销差旅费								
金额（大写）	人民币　贰仟零佰伍拾陆元零角零分	万	千	百	十	元	角	分
		¥	2	0	5	6	0	0

主管：苏科峰　　　　　　会计：杨慧　　　　　　出纳：杨花

现金收讫

凭证 8-1/3

四川省增值税普通发票

发 票 联

No.852742356

开票日期：2017年12月3日

购货单位	名　　　　称：成都永兴建材有限责任公司 纳税人识别号：140128378961001 地址、电话：成都市金堂县赵镇金堂工业园 开户行及账号：工商银行成华区支行 　　　　　　　352000456789000123				密码区	（略）		
货物或应税劳务名称	规格型号	单位	数量	单价	金　额	税率	税　额
档案盒		个	50	6	300.00	17%	51.00
装订机		个	2	200	400.00	17%	68.00
信笺		本	100	1.547	154.70	17%	26.30
合　计					854.70	17%	145.30
价税合计（大写）⊗ 壹仟元整				（小写）¥1000.00				
销货单位	名　　　　称：成都晨光文化用品公司 纳税人识别号：85006341597536 地址、电话：成都市青年路1599号 开户行及账号：工商银行武侯区支行 　　　　　　　78951058677538200				备注			

收款人：　　　　复核：　　　　开票人：张又以　　　　销货单位：（章）

第二联　发票联　购货方记账凭证

成都晨光文化用品公司
发票专用章

凭证 8-2/3

支出证明单

2017年12月3日

附件共1张

支出科目	摘　要	金　额								缺乏正式单据之原因
		万	千	百	十	元	角	分		
购办公用品	购装订机等		1	0	0	0	0	0		
										现金付讫

合计人民币(大写)：　　　⊗壹仟零佰零拾零元零角零分　　　　¥1000.00

核准：苏科峰　　　　复核：孙立　　　　证明人：张利　　　　经手：刘飞明

凭证 8-3/3

领　料　单

发货仓库：　　　　　　　　　　　　　　　　　　　　　　　第A213号
领料部门：财务部　　　　　　　制造令号（BOM）：　　　　2017年12月3日

类别	编号	名称型号	单位	应发数量	实发数量	单位成本	金　额	
材料		档案盒	个	50	50			第三联　财务记账
材料		装订机	个	2	2			
材料		信笺	本	100	100			
合　　计								

负责人：　　　　　　经发：易如意　　　　　　保管：　　　　　　填单：杨慧

说明：该部分办公用品直接被财务部领用。

凭证 9-1/3

出　库　单

发货仓库：成品仓库　　　　　　　　　　　　　　　　　　第A401号
提货单位：成都海宏有限责任公司　　　　　　　　　　　　2017年12月4日

类别	编号	名称型号	单位	应发数量	实发数量	单位成本	金　额	
产品	201	普通板	m³	418.5	418.5			第三联　财务记账
合　　计								

负责人：　　　　　　经发：　　　　　　保管：杨晶　　　　　　填单：

凭证 9-2/3

四川省增值税专用发票

记账联

No.001785962

开票日期：2017年12月4日

购货单位	名　称：成都海宏有限责任公司 纳税人识别号：42015763245136 地址、电话：成都市清江路302号87674588 开户行及账号：工商银行青羊区支行 4206456961200000000	密码区	（略）

货物或应税劳务名称	规格型号	单位	数量	单价	金额	税率	税额
普通板	5×1220×2440	m³	418.5	5800.00	2427300.00	17%	412641.00
合　计					2427300.00	17%	412641.00

价税合计（大写）⊗贰佰捌拾叁万玖仟玖佰肆拾壹元整　（小写）￥2839941.00

销货单位	名　称：成都永兴建材有限责任公司 纳税人识别号：140128378961001 地址、电话：成都市金堂县赵镇金堂工业园 开户行及账号：工商银行成华区支行 35200456789000123	备注	成都永兴建材有限责任公司 发票专用章

收款人：　　复核：　　开票人：杨慧　　销货单位：（章）

凭证 9-3/3

ICBC 中国工商银行 进账单（收账通知）1

2017年12月4日　　　　第83号

出票人	全　称	成都海宏有限责任公司	收款人	全　称	成都永兴建材有限责任公司
	账　号	4206456961200000000		账　号	352000456789000123
	开户银行	工商银行青羊区支行		开户银行	工商银行成华区支行

人民币（大写）	贰佰捌拾叁万玖仟玖佰肆拾壹元整	千百十万千百十元角分 ￥2 8 3 9 9 4 1 0 0

票据种类	转账支票	票据张数	1张
票据号码	3211459		

中国工商银行 成华区支行 2017.12.04 转讫 开户银行签章

单位主管　会计　复核　记账

凭证 10-1/1

收 料 单

材料科目：原材料　　　　　　　　　　　　　　　　编　　号：B101
材料类别：原材料及主要材料　　　　　　　　　　　收料仓库：原木仓库
供应单位：禄丰桉树　　　　　　　2017 年 12 月 4 日　　发票号码：00061254

种类	编号	名　称	规格	数量	单位	单价	成 本 总 额									
							千	百	十	万	千	百	十	元	角	分
材料	A01	柳桉原木		2000	m³											
备注																

负责人：　　　　　　记账：边小红　　　　　　验收：何晓华　　　　　　保管员：周大林

第三联　财务记账

凭证 11-1/2

银行承兑汇票

出票日期　贰零壹柒　年玖月　零伍日　　　　　　　　　QL235781

（大写）

出票人全称	成都兴阳建筑有限责任公司	收款人	全　称	成都永兴建材有限责任公司										
出票人账号	365489665400001000		账　号	352000456789000000										
付款行全称	工商银行温江区支行		开户银行	工商银行成华区支行										
出票金额	人民币（大写）　玖万元整				亿	千	百	十	万	千	百	十	元	角	分
							￥	9	0	0	0	0	0	0
汇票到期日（大写）	贰零壹柒年零壹月零肆日	付款行	行号											
承兑协议号	2017–071–10		地址											

本汇票请你行承兑，到期无条件付款。	本汇票已经承兑，到期日由本行付款。		
出票人签章	承兑日期 2017 年 9 月 14 日 备注：	复核	记账

此联代理付款行付款后作联行往账借方凭证附件

凭证 11-2/2

背书人　成都永兴建材有限责任公司	被背书人
（盖章）★　武赵印英	
背书人签章 2017 年 12 月 4 日	被背书人签章 年 月 日

凭证 12-1/2

中国工商银行 **银行汇票申请书**（存根）1

申请日期　2017年12月5日　　　　　　第1号

申请人	成都永兴建材有限责任公司	收款人	江苏昆山化工有限责任公司
账号或住址	352000456789000000	账号或住址	81451058675081002
用途	支付购货款	代理付款行	工商银行长安里支行

汇票金额	人民币（大写）　陆拾万元整	千 百 十 万 千 百 十 元 角 分
		¥ 6 0 0 0 0 0 0 0

上列款项请从我账户内支付（申请人盖章★）

科　　目(借)＿＿＿＿＿
对方科目(贷)＿＿＿＿＿
转账日期　　年 月 日
复核　　　　记账

此联申请人留存

凭证 12-2/2

中国工商银行成华区支行邮、电手续费收费凭证（借方凭证）

2017 年 12 月 5 日

缴款人名称：成都永兴建材有限责任公司	信(电)汇　笔　汇票1笔　其他　笔
账号：352000456789000123	异托、委托　笔　支票　笔(本)　专用托收　笔

邮费金额				电报费金额				手续费金额				合计金额			
百	十	元	角	分	百	十	元	角	分	百	十	元	角	分	百	十	元	角	分

（手续费金额 ¥21 00　合计金额 ¥21 00）

中国工商银行成华区支行 复核 2017.12.05 记账 复票 转制票 讫

合计金额	人民币（大写）：贰拾壹元整

凭证 **13-1/1**

半成品入库单

| 收料部门：单板仓库 | | | 2017 年 12 月 5 日 | | | | 专字　第 B301 号 | | | | | | | | | |

种类	编号	名　称	数量	单位	单价	成本总额										
						千	百	十	万	千	百	十	元	角	分
半成品	101	柳桉单板	300	m³											
半成品	102	杨木单板	500	m³											
备注															

负责人：张晓春　　　　记账：边小红　　　　验收：张友佳　　　　填单：刘为

第三联　财务记账

凭证 **14-1/2**

四川省增值税专用发票

记账联

No.001785963

开票日期：2017 年 12 月 5 日

购货单位	名　　称：淘相因装饰公司 纳税人识别号：36785763245140 地　址、电话：成都市世纪路902号85674532 开户行及账号：中国银行武侯区支行　7406456961213570000		密码区	（略）		

货物或应税劳务名称	规格型号	单位	数量	单价	金额	税率	税额
覆膜板	15×1220×2440	m³	335	6500.00	2177500.00	17%	370175.00
合　计					2177500.00		370175.00

价税合计（大写）	⊗贰佰伍拾肆万柒仟陆佰柒拾伍元	（小写）￥2547675.00

销货单位	名　　称：成都永兴建材有限责任公司 纳税人识别号：140128378961001 地　址、电话：成都市金堂县赵镇金堂工业园 开户行及账号：中国银行金堂县支行　4000138000445566777	备注	成都永兴建材有限责任公司 发票专用章

收款人：　　　　复核：　　　　开票人：杨慧　　　　销货单位：（章）

第四联　记账联　销货方记账凭证

凭证 14-2/2

出 库 单

发货仓库：成品仓库　　　　　　　　　　　　　　　　　第 A402 号

提货单位：淘相因装饰公司　　　　　　　　　　　　　　2017 年 12 月 5 日

类别	编号	名称型号	单位	应发数量	实发数量	单位成本	金　额
产品	202	覆膜板	m³	335	335		
	合　计						

负责人：　　　　　经发：　　　　　保管：杨晶　　　　　填单：

第三联　财务记账

凭证 15-1/2

费用报销单

报销部门：行政部　　　　　　　2017 年 12 月 5 日　　　　　　附件共 1 张

费用项目及用途	金　额							部门审批	王伟
	万	千	百	十	元	角	分		
支付汽油费	¥	1	8	5	0	0	0	公司审批	赵英武
								财务审批	苏科峰
合计人民币（大写）：壹仟捌佰伍拾零元整									

现金付讫

出纳：杨花　　　　　经手：刘明

凭证 15-2/2

四川省商品销售统一发票

发 四票省 联

发票代码 137010722789

发票号码07841684

客户名称：

中国石油股份有限公司

2017-12-3 Mc 9873-108597

品名：E93#

单价：

数量：338.8278 ¥1850.00

大写：壹仟捌佰伍拾元整

合计金额：¥1850.00

金额大写：壹仟捌佰伍拾元整

川国税发票字【2017】079号参数XXXXXXXXXXXXX

四川金税印务中心2017年8月印

现金付讫

凭证 16-1/1

中国银行
现金支票存根

支票号码 XII3576802

科　目 _____

对方科目 _____

签发日期　2017年12月5日

收款人：成都永兴建材有限责任公司
金　额：¥6000.00
用　途：备用金
备　注

单位主管：　　会计：苏科峰

凭证 17-1/1

工商银行 电汇凭证 （收账通知 或取款收据）4

第 号
应解汇款编号

委托日期 2017年12月5日

汇款人	全　称	大营盘有限责任公司	收款人	全　称	成都永兴建材有限责任公司
	账　号	4601594513234521000		账　号	352000456789000123
	汇出地点	陕西省西安市/县		汇入地点	四川省成都市
	汇出行名称	工商银行清河支行		汇入行名称	工商银行成华区支行

金额	人民币（大写）	贰拾壹万元整	亿	千	百	十	万	千	百	十	元	角	分
					¥	2	1	0	0	0	0	0	0

汇款用途：劳务费如需加急，请在括号内注明（ ）　支付密码

附加信息及用途：

汇出行签章　　　复核：　记账：

此联给收款人收账通知或代取款收据

凭证 18-1/4

江苏省增值税专用发票

（发票联）

No.57838238

开票日期：2012年12月3日

购货单位	名　称：成都永兴建材有限责任公司	密码区	（略）
	纳税人识别号：140128378961001		
	地址、电话：成都市金堂县赵镇金堂工业园		
	开户行及账号：工商银行成华区支行 352000456789000123		

货物或应税劳务名称	规格型号	单位	数量	单价	金额	税率	税额
脲醛树脂		千克	10000	3	30000.00	17%	5100.00
酚醛树脂		千克	8000	5	40000.00	17%	6800.00
纯碱		千克	10000	2	20000.00	17%	3400.00
油料		吨	48	8600	412800.00	17%	70176.00
合　计					502800.00	17%	85476.00

价税合计（大写）	⊗ 伍拾捌万捌仟贰佰柒拾陆元整	（小写）¥ 588276.00

销货单位	名　称：江苏昆山化工有限责任公司	备注
	纳税人识别号：100063426734567	
	地址、电话：徐州市正北路269号	
	开户行及账号：工商银行长安里支行 81451058675081000	

收款人：　　　复核：　　　开票人：张零　　　销货单位：（章）

第二联 发票联 购货方记账凭证

凭证 18-2/4

江苏省增值税专用发票

抵 扣 联

No.57838238

开票日期：2017年12月3日

购货单位	名　　称：成都永兴建材有限责任公司					密码区	（略）		
	纳税人识别号：140128378961001								
	地址、电话：成都市金堂县赵镇金堂工业园								
	开户行及账号：工商银行成华区支行　352000456789000123								

货物或应税劳务名称	规格型号	单位	数量	单价	金额	税率	税额
脲醛树脂		千克	10000	3	30000.000	17%	5100.00
酚醛树脂		千克	8000	5	40000.000	17%	6800.00
纯碱		千克	10000	2	20000.000	17%	3400.00
油料		吨	48	8600	412800.000	17%	70176.00
合　计					502800.00	17%	85476.00

价税合计（大写）	⊗ 伍拾捌万捌仟贰佰柒拾陆元整	（小写）¥588276.00

销货单位	名　　称：江苏昆山化工有限责任公司	备注
	纳税人识别号：100063426734567	
	地址、电话：徐州市正北路269号	
	开户行及账号：工商银行长安里支行　81451058675081000	

收款人：　　　　　复核：　　　　　开票人：张零　　　　　销货单位：（章）

第三联　抵扣联　购货方抵扣凭证

凭证 18-3/4

收 料 单

材料科目：原材料　　　　　　　　　　　　　　　编　　　号：8203

材料类别：原材料及主要材料　　　　　　　　　　收料仓库：物料仓库

供应单位：昆山化工　　　　2017 年 12 月 6 日　　　发票号码：57838238

种类	编号	名　称	规格	数量	单位	单价	成本总额									
							千	百	十	万	千	百	十	元	角	分
材料	A03	脲醛树脂		10000	千克											
材料	A04	酚醛树脂		8000	千克											
材料	A05	纯碱		10000	千克											
材料	A12	油料		48	吨											
备注																

负责人：　　　　　记账：边小红　　　　　验收：张华　　　　　保管员：陈如龙

第二联　财务记账

凭证 18-4/4

付款期限 壹个月		中国工商银行 银行汇票 2			汇票号码 第X01213号

出票日期（大写）贰零壹柒年 壹拾贰月 零伍日　　代理付款行： 工商银行长安里支行 行号3567

收款人：江苏昆山化工有限责任公司　　　　　账号81451058675081002

出票金额 人民币（大写）	陆拾万元整										
实际结算金额 人民币（大写）	伍拾捌万捌仟贰佰柒拾陆元整	千	百	十	万	千	百	十	元	角	分
			¥	5	8	8	2	7	6	0	0

申请人：成都永兴建材有限责任公司　　　　账号或住址：352000456789000000

出票行：成华区支行　行号：4509

备　注：		密押		科目（借）			
凭票付款		多余金额		对方科目（贷）			
		千 百 十 万 千 百 十 元 角 分		兑付日期	年	月	日
出票行签章		¥ 1 1 7 2 4 0 0		复核　　　　记账			

此联代理付款行付款后作联行往账借方凭证附件

凭证 19-1/3

四川省增值税普通发票

发票联

No.5846952350

开票日期：2017年12月6日

购货单位	名　称：成都永兴建材有限责任公司		密码区	（略）		
	纳税人识别号：140128378961001					
	地址、电话：成都市金堂县赵镇金堂工业园					
	开户行及账号：工商银行成华区支行 352000456789000123					

货物或应税劳务名称	规格型号	单位	数量	单价	金额	税率	税额
餐费					7547.17	6%	452.83
合　计					7547.17	6%	452.83
价税合计（大写）	⊗ 捌仟元整			（小写）¥8000.00			

销货单位	名　称：成都新视听饮食有限公司		备注	
	纳税人识别号：85006341592001			
	地址、电话：成都市景江东路2415号			
	开户行及账号：工商银行锦江区支行 88951058677531100			

收款人：　　　　复核：　　　　开票人：张欢　　　　销货单位：（章）

第二联 发票联 购货方记账凭证

凭证 19-2/3

中国银行
转账支票存根

支票号码 332245218

科　　目＿＿＿＿＿＿＿＿＿＿＿＿

对方科目＿＿＿＿＿＿＿＿＿＿＿＿

签发日期　　2017年12月6日

收款人：	
金　额：￥8000.00	
用　途：支付业务招待费	
备　注	
单位主管：赵英武　会计：杨慧	

凭证 19-3/3

费用报销单

报销部门：总经办　　　　　　　2017 年 12 月 6 日　　　　　　　　附件共 2 张

费用项目及用途	金　额								部门审批	赵英武
	万	千	百	十	元	角	分			
报销业务招待费		￥8	0	0	0	0	0		公司审批	赵英武
									财务审批	苏科峰
合计人民币（大写）：捌仟零佰零拾零元整										

出纳：杨花　　　　　　　经手：刘明

转账付讫

凭证 20-1/1

借　支　单

2017 年 12 月 6 日

借款部门	采供部	职别	职员	出差人姓名	李明
借款事由	公务出差重庆				
借款金额人民币（大写）：		贰仟伍佰元整			￥2500.00
批准人	赵英武	部门负责人	张雨然	财务负责人	苏科峰

现金付讫

收款人：李明

凭证 21-1/2

委托收款 凭证（收账通知） 4

第 XI036511 号

委托号码

付款期限 年 月 日

委托日期 2017 年 12 月 7 日

付款人	全　称	新达工厂	收款人	全　称	成都永兴建材有限责任公司			
	账　号	6832542077856533780		账　号	4000138000445566777			
	开户银行	中国银行南门支行		开户银行	中国银行金堂县支行	行号		

委收金额	人民币（大写）	柒万元整				千 百 十 万 千 百 十 元 角 分
						￥ 7 0 0 0 0 0 0

款项内容	货款		委托收款凭据名称	银行承兑汇票	附寄单证张数	

备注：

上列款项
1. 已全部划回收入你方账户
2. 全部未收到

（中国银行金堂县支行 业务专用章）

单位主管　会计　复核　记账　付款人开户银行收到日期 年 月 日　支付日期 年 月 日

此联收款人开户银行在款项收妥后给收款人的收账通知

凭证 21-2/2

中国银行进账单（收账通知）1

2017 年 12 月 7 日

第 2541 号

出票人	全　称	新达工厂	收款人	全　称	成都永兴建材有限责任公司
	账　号	6832542077856530000		账　号	4000138000445566777
	开户银行	中国银行南门支行		开户行	中国银行金堂县支行

人民币（大写）	柒万元整	千 百 十 万 千 百 十 元 角 分
		￥ 7 0 0 0 0 0 0

票据种类	银行承兑汇票	票据张数	1 张
票据号码	2845695		

单位主管　会计　复核　记账

（中国工商银行 金堂县支行 2017.12.07 转讫 开户银行签章）

此联收款人开户银行交给收款人的收账通知

凭证 22-1/3

四川省增值税专用发票

记 账 联

四川省
国家税务局

No.001785964

开票日期：2017年12月7日

购货单位	名　　称：新都海龙家私有限责任公司 纳税人识别号：11100076324140 地　址、电话：新繁镇青年路12号83070032 开户行及账号：中国银行新都区支行 55637569612135700000				密码区	（略）		

货物或应税劳务名称	规格型号	单位	数量	单价	金额	税率	税额
断尾材		m³	60	380.00	22800.00	17%	3876.00
废单板		m³	18.75	300.00	5625.00	17%	956.25
合　计					28425.00	17%	4832.25

价税合计（大写）	⊗ 叁万叁仟贰佰伍拾柒元贰角伍分	（小写）￥33257.25

销货单位	名　　称：成都永兴建材有限责任公司 纳税人识别号：140128378961001 地　址、电话：成都市金堂县赵镇金堂工业园 开户行及账号：中国银行金堂县支行 4000138000445566777	备注	成都永兴建材有限责任公司 发票专用章

收款人：　　　复核：　　　开票：杨慧　　　销货单位：（章）

第四联 记账联 销货方记账凭证

凭证 22-2/3

出 库 单

发货仓库：物料仓库　　　　　　　　　　　　　　　　　第 A213 号

提货单位：新都海龙家私有限责任公司　　　　　　　　　2017 年 12 月 7 日

类别	编号	名称型号	单位	应发数量	实发数量	单位成本	金 额
材料	C01	断尾材	m³	60	60		
材料	C02	废单板	m³	18.75	18.75		
合　计							

负责人：　　　经发：易如意　　　保管：陈如龙　　　填单：陈如龙

第三联 财务记账

凭证 22-3/3

中国银行进账单（收账通知）1

2017 年 12 月 7 日　　　　　　　　　　　　　　第 1570 号

出票人	全　称	新都海龙家私有限责任公司	收款人	全　称	成都永兴建材有限责任公司	千	百	十	万	千	百	十	元	角	分
	账　号	55637569612135700000		账　号	4000138000445566777										
	开户银行	中国银行新都区支行		开户行	中国银行金堂县支行										

人民币（大写）	叁万叁仟贰佰伍拾柒元贰角伍分	千	百	十	万	千	百	十	元	角	分
					￥	3	3	2	5	7	2	5

票据种类	转账支票	票据张数	1 张
票据号码	7458230		

中国工商银行
金堂县支行
2017.12.07
转　讫
开户银行签章

单位主管　　会计　　复核　　记账

此联收款人开户银行交给收款人的收账通知

凭证 23-1/8

固定资产移交验收单

2017 年 12 月 8 日　　　　　　　　　　　　　　第 1 号

名称	规格型号	单位	数量	设备价款	预计使用年限	使用部门
小轿车	大众 CC	辆	1	￥550125.00	200000 公里	总经办
合　　计						
备注	预计净残值5%					

部门主管：赵英武　　　　　　制单：杨慧

第三联　财务记账

凭证 23-2/8

机动车销售统一发票

发票代码 151001022004
发票号码 0691478

开票日期：2017年12月3日

机打代码 机打号码 机器编号	151001022004 691478	税控码	（略）		
购货单位（人）	成都永兴建材有限责任公司	身份证号码/组织机构代码		140128378	
车辆类型	轿车	厂牌型号	SWE7150J789	产地	四川省成都市
合格证号	WCR99WD00386785	进口证明书号		商检单号	
发动机号码	NBBH01867	车辆识别代号/车架号码			
价税合计（大写）	伍拾捌万伍仟元整		（小写）585000.00		
销货单位名称	四川长征汽车销售服务有限公司	电话		84806541	
纳税人识别号	510198687923746	账号		80790104011	
地址	成都市火车东站北路25号	开户银行	中国农业银行成都市肖家河北街支行		
增值税税率或征收率	17% 增值税税额	¥85000.00	主管税务机关及代码	成都市锦江区国税局 1510174	
不含税价	¥500000	吨位		限乘人数	5

销售单位盖章：　　　　开票人：林珊　　　　备注：一车一票

凭证 23-3/8

机动车销售统一发票

发票代码 151001022004
发票号码 0691478

开票日期：2017年12月3日

机打代码 机打号码 机器编号	151001022004 691478	税控码	（略）		
购货单位（人）	成都永兴建材有限责任公司	身份证号码/组织机构代码		140128378	
车辆类型	轿车	厂牌型号	SWE7150J789	产地	四川省成都市
合格证号	WCR99WD00386785	进口证明书号		商检单号	
发动机号码	NBBH01867	车辆识别代号/车架号码			
价税合计（大写）	伍拾捌万伍仟元整		（小写）585000.00		
销货单位名称	四川长征汽车销售服务有限公司	电话		84806541	
纳税人识别号	510198687923746	账号		80790104011	
地址	成都市火车东站北路25号	开户银行	中国农业银行成都市肖家河北街支行		
增值税税率或征收率	17% 增值税税额	¥85000.00	主管税务机关及代码	成都市锦江区国税局 1510174	
不含税价	¥500000	吨位		限乘人数	5

销售单位盖章：　　　　开票人：林珊　　　　备注：一车一票

凭证 23-4/8

四川省政府非税收入通用票据

执行单位：成都市"五路一桥"通行费征管处

填制日期：2017年12月8日　　　　　　　　　　　　　　　　发票号码：8479542

收到：川A-9532N 成都永兴建材有限责任公司

项目名称	数量	单位	标准	金额	
车辆通行费	1	元/年·辆	480元	￥480.00	第三联
					收据联
金额合计：（大写）	肆佰捌拾元整			￥480.00	

收费单位（公章）　　　　　　　　收款人：　　　　　　　　经手人：

凭证 23-5/8

四川省政府非税收入通用票据

执行单位名称：成都市公安交通车辆管理所　　　　　　　　发票号码：0346311313

收到：川A-9532N 成都永兴建材有限责任公司

项目名称	计费单位	计费数量	收费标准	金额	
汽车反光号牌	副	1	100.00	100.00	第三联
机动车行驶证工本费	本	1	15.00	15.00	
机动车登记证书工本费	本	1	10.00	10.00	收据联
汽车检验	次/车	1	100.00	100.00	
金额（小写）：225.00	金额（大写）贰佰贰拾伍元整				

收款人：吴曼瑞　　　　　　　　　　　　　　　填制日期：2017年12月8日

凭证 23-6/8

中国工商银行
转账支票存根
ARI45218

附加信息：_____

_____

出票日期	2017年12月8日
收款人：	四川大众汽车销售公司
金　额：	￥640955.00
用　途：	支付货款
备　注	
单位主管：赵英武　会计：杨慧	

凭证 23-7/8

PICC 中国人民财产保险股份有限公司
PICC PROPERTY AND CASUALTY COMPANY LIMITED
保 险 业 专 用 发 票
INSURANCE TRADE INVOICE
INVOICE 发票联

开票日期：2017年12月8日
Date of Issue

发票代码：246158101575
发票号码：00061254

付款人：成都永兴建材有限责任公司 Payer	
承包险种：交通强制险 Coverage	
保险单号：PDAA2013510107776000765 Piolicy No.	
保险费金额（大写）：(人民币)肆仟零伍拾元整 Premium Amount(In Figures)	（小写）：￥4050.00 （In Figures）
代收车船税（小写）：1200.00 Vehicle & Vessel Tax(In Figures)	滞纳金（小写） Overdue fine(In Figures)
合计（大写）：人民币伍仟贰佰伍拾元整 Consisit(In Words)	（小写）：￥5250.00 （In Figures）
附注： Remarks	

保险公司名称：
Insurance Company
保险公司签章：
Stamped by Insurance Campany
保险公司纳税人识别号：
Taxpayer Identification No.

复核：
Checked
地址：
Add

经手人：
Handler
电话：
Tel
（手写无效）
Not Valid If In Hand Written

第二联发票联 付款方留存

凭证 23-8/8

中 华 人 民 共 和 国
税 收 完 税 证 明

国

（2017）川国证10411112号

填发日期：2017 年 12 月 10 日

征收机关:成都市国家税务局车辆购置税征收管理分局

纳税人识别号	140128378961001		纳税人名称	成都永兴建材有限责任公司	
原凭证号	税种	品目名称	税款所属时间	入（退）库时间	实缴（退）金额
	车辆购置税	大众CC牌NBBH01867			￥50000.00
金 额 合 计(大写) 人民币伍万元整					￥50000.00
税务机关 （盖章） 经办人(章)	填票人 周华利 王利军 龙泉驿-07		上列款项已收妥并划转收款单位账户 讫 国库(银行)盖章 年 月 日		备注

中国工商银行
成华区支行
2017.12.10

逾期不缴按税法规定加收滞纳金

凭证 24-1/8

四川省增值税专用发票

发票联

No.13775439

开票日期：2017年12月8日

购货单位	名　　　　称：成都永兴建材有限责任公司 纳税人识别号：140128378961001 地址、电话：成都市金堂县赵镇金堂工业园 开户行及账号：工商银行成华区支行　352000456789000123			密码区		（略）		
货物或应税劳务名称	规格型号	单位	数量	单价	金额	税率	税额
管件 五金机电 工具		个 件 件	20000 20000 1000	1.45 51 3	29000.00 1020000.00 3000.00	17% 17% 17%	4930.00 173400.00 510.00
合　　计					1052000.00	17%	178840.00
价税合计（大写）　⊗ 壹佰贰拾叁万零捌佰肆拾元整					（小写）￥1230840.00		
销货单位	名　　　　称：成都大世界五金销售公司 纳税人识别号：610126342673454 地址、电话：成都市新都区大建路385号 开户行及账号：工商银行新都区支行　4563286091105860			备注				

收款人：　　　　复核：　　　　开票人：蒋丽　　　　销货单位：（章）

（第二联 发票联 购货方记账凭证）

凭证 24-2/8

四川省增值税专用发票

抵扣联

No.13775439

开票日期：2017年12月8日

购货单位	名　　　　称：成都永兴建材有限责任公司 纳税人识别号：140128378961001 地址、电话：成都市金堂县赵镇金堂工业园 开户行及账号：工商银行成华区支行　352000456789000123			密码区		（略）		
货物或应税劳务名称	规格型号	单位	数量	单价	金额	税率	税额
管件 五金机电 工具		个 件 件	20000 20000 1000	1.45 51 3	29000.00 1020000.00 3000.00	17% 17% 17%	4930.00 173400.00 510.00
合　　计					1052000.00	17%	178840.00
价税合计（大写）　⊗ 壹佰贰拾叁万零捌佰肆拾元整					（小写）￥1230840.00		
销货单位	名　　　　称：成都大世界五金销售公司 纳税人识别号：610126342673454 地址、电话：成都市新都区大建路385号 开户行及账号：工商银行新都区支行　4563286091105860			备注				

收款人：　　　　复核：　　　　开票人：蒋丽　　　　销货单位：（章）

（第三联 抵扣联 购货方抵扣凭证）

凭证 24-3/8

5900133000 货物运输业增值税专用发票

5900133000
36101218

四川省
国家税务局监制
发票联

NoAR 492732
开票日期：2017年12月8日

承运人及纳税人识别号	四川长青运输有限公司 543274532214703	密码区	（略）	
实际受票方及纳税人识别号	成都永兴建材有限责任公司 140128378961001			
收货人及纳税人识别号	成都永兴建材有限责任公司 140128378961001	发货人及纳税人识别号	成都大世界五金销售公司 610126342673454	
起运地、经由、到达地		新都—金堂		
费用项目及金额	费用项目　　　金额 五金运输　　　850.00	运输货物信息		
合计金额：捌佰伍拾元整	税率 11% 税额	93.50	机器编号 589912674001	
价税合计	玖佰肆拾叁元五角整		（小写）￥943.50	
车种车号	川F954152　车船吨位 550	备注		
主管税务机关及代码	成都市新都区国税局税源管理一科 65493433457			

收款人：李艾科　　　复核人：邹尧　　　开票人：杨雪　　　承运人（章）

第二联 发票联 受票方记账凭证

凭证 24-4/8

5900133000 货物运输业增值税专用发票

5900133000
36101218

四川省
国家税务局监制
抵扣联

NoAR 492732
开票日期：2017年12月8日

承运人及纳税人识别号	四川长青运输有限公司 543274532214703	密码区	（略）	
实际受票方及纳税人识别号	成都永兴建材有限责任公司 140128378961001			
收货人及纳税人识别号	成都永兴建材有限责任公司 140128378961001	发货人及纳税人识别号	成都大世界五金销售公司 610126342673454	
起运地、经由、到达地		新都—金堂		
费用项目及金额	费用项目　　　金额 五金运输　　　850.00	运输货物信息		
合计金额：捌佰伍拾元整	税率 11% 税额	93.50	机器编号 589912674001	
价税合计	玖佰肆拾叁元五角整		（小写）￥943.50	
车种车号	川F954152　车船吨位 550	备注		
主管税务机关及代码	成都市新都区国税局税源管理一科 65493433457			

收款人：李艾科　　　复核人：邹尧　　　开票人：杨雪　　　承运人（章）

第三联 抵扣联 收货方抵扣凭证

凭证 24-5/8

采购费用分配表
年　月　日

材料名称	分配标准	分配率	应分配的费用
合　　计			

凭证 24-6/8

材料采购成本计算表
年　月　日

成本项目	管　件		五金机电		工　具	
	总成本	单位成本	总成本	单位成本	总成本	单位成本
买价						
采购费用						
采购成本						

凭证 24-7/8

收　料　单

材料科目：原材料　　　　　　　　　　　　　　　　　编　　号：B204
材料类别：原材料及主要材料　　　　　　　　　　　　收料仓库：物料仓库
供应单位：大世界五金　　　　2017 年 12 月 8 日　　　发票号码：13775439

种类	编号	名　称	规格	数量	单位	单价	成　本　总　额									
							千	百	十	万	千	百	十	元	角	分
材料	B02	管件		20000	个											
材料	B03	五金机电		20000	件											
材料	B04	工具		1000	件											
备注																

负责人：　　　　　记账：边小红　　　　　验收：张华　　　　　保管员：陈如龙

第三联　财务记账

凭证 24-8/8

中国工商银行
转账支票存根
ARI45219

附加信息：_____
_____

出票日期	2017年12月8日
收款人：四川长青运输公司	
金　额：￥9435.00	
用　途：支付运费	
备　注	
单位主管：赵英武　会计：杨慧	

凭证 25-1/1

领 料 单

发货仓库：物料仓库　　　　　　　　　　　　　　　　　第 A214 号
提货单位：单板车间　　　　　　制造令号（BOM）：　　　2017 年 12 月 9 日

类别	编号	名称型号	单位	应发数量	实发数量	单位成本	金　额
材料	B03	五金机电	件	15000	15000		
	合　计						

负责人：　　　　经发：曾学　　　　保管：陈如龙　　　　填单：周大林

第三联 财务记账

凭证 26-1/3

四川省商品销售统一发票

四川省
发 票 联
国家税务局监制

购方单位：成都永兴建材有限责任公司　　　2017年12月9日

142010623501
No.04036795

品名及规格	货物或劳务名称	单位	数量	单价	万	千	百	十	元	角	分
打印纸		包	50	26.00		1	3	0	0	0	0
墨盒		盒	20	120.00		2	4	0	0	0	0
金额（大写）⊗叁仟柒佰零拾零元零角零分			￥3700.00								
备注：											

开票单位盖章　　　复核人　　　　收款人　　　　开票人章一

②付款方报销凭证

凭证 26-2/3

支出证明单

2017 年 12 月 9 日　　　　　　　　　　　　　　　　　　　附件共 1 张

支 出 科 目	摘　要	金　额							缺乏正式单据之原因
		万	千	百	十	元	角	分	
购办公用品	购打印纸等	¥	3	7	0	0	0	0	
									现金付讫
合计人民币（大写）：⊗叁仟柒佰零拾零元零角零分								¥3700.00	

核准：苏科峰　　　　　　复核：孙立　　　　　　证明人：张利　　　　　　经手：张霞

凭证 26-3/3

收 料 单

材料科目：周转材料　　　　　　　　　　　　　　　　编　号：B205
材料类别：　　　　　　　　　　　　　　　　　　　　收料仓库：物料仓库
供应单位：红叶文具　　　　　2017 年 12 月 9 日　　　发票号码：04036795

种类	编号	名　称	规格	数量	单位	单价	成本总额									
							千	百	十	万	千	百	十	元	角	分
材料	D04	打印纸		50	包											
材料	DO6	墨盒		20	盒											
备注																

负责人：　　　　　记账：边小红　　　　　验收：张华　　　　　保管员：陈如龙

第三联　财务记账

凭证 27-1/3

四川省增值税专用发票

发票联

No.43775454
开票日期：2017年12月9日

购货单位	名　　　称：成都永兴建材有限责任公司 纳税人识别号：140128378961001 地址、电话：成都市金堂县赵镇金堂工业园 开户行及账号：中国银行金堂县支行　4000138000445566777					密码区	（略）		
货物或应税劳务名称	规格型号	单位	数量	单价			金额	税率	税额
广告制作发布费							10000.00	6%	600.00
合　计							10000.00	6%	600.00
价税合计（大写）	⊗壹万零陆佰元整				（小写）￥10600.00				
销货单位	名　　　称：成都天娱文化传媒有限公司 纳税人识别号：610126342673432 地址、电话：成都市武侯区大业路385号 开户行及账号：中国银行武侯区支行　4563286091105810					备注	成都天娱文化传媒有限公司 发票专用章		

收款人：　　　　　复核：　　　　　开票人：蒋丽　　　　　销货单位：（章）

第二联　发票联　购货方记账凭证

凭证 27-2/3

四川省增值税专用发票

抵扣联

No.43775454
开票日期：2017年12月9日

购货单位	名　　　称：成都永兴建材有限责任公司 纳税人识别号：140128378961001 地址、电话：成都市金堂县赵镇金堂工业园 开户行及账号：中国银行金堂县支行　4000138000445566777					密码区	（略）		
货物或应税劳务名称	规格型号	单位	数量	单价			金额	税率	税额
广告制作发布费							10000.00	6%	600.00
合　计							10000.00	6%	600.00
价税合计（大写）	⊗壹万零陆佰元整				（小写）￥10600.00				
销货单位	名　　　称：成都天娱文化传媒有限公司 纳税人识别号：610126342673432 地址、电话：成都市武侯区大业路385号 开户行及账号：中国银行武侯区支行　4563286091105810					备注	成都天娱文化传媒有限公司 发票专用章		

收款人：　　　　　复核：　　　　　开票人：蒋丽　　　　　销货单位：（章）

第三联　抵扣联　购货方抵扣凭证

凭证 27-3/3

```
           中国银行
         现金支票存根

  支票号码 332245219
  科    目 _____
  对方科目 _____
  签发日期      2017年12月9日
  收款人：成都天娱传媒
  金    额：￥10600.00
  用    途：支付广告费
  备    注
  单位主管：赵英武   会计：杨慧
```

凭证 28-1/1

华西证券龙泉营业部交割凭单（客户联）　　买

成交日期：	2017 年 12 月 09 日	证券名称：	万科 HRP
资金账号：	6565338299456800022	成交数量：	400（手）
股东代码：	2341209	成交净价：	7.48
股东名称：	成都永兴建材有限责任公司	成交金额：	299200.00
席位代码：	7089	实付佣金：	149.60
申请编号：	1000786	印花税：	0
申报时间：	10：02	过户费：	5.00
成交时间：	11：45	附加费：	0
单位利息：	0.0000000	结算价格：	7.48
成交编号：	35781938	实付金额：	299354.60
上次资金：	1500000.00	本次资金：	1200645.40
上次余股：	0	本次余股：	400（手）
委托来源：	IN	打印日期：	2017 年 12 月 09 日

注：本公司不准备长期持有。

凭证 29-1/1

现金盘点报告表

2017 年 12 月 9 日

单位名称：成都永兴建材有限责任公司

实存金额	账存金额	盈亏情况		备　注
		盘盈数	盘亏数	
3606.00	2706.00	900.00		
处理意见：				

主管：苏科峰　　　　会计：杨慧　　　　核点：杨花

凭证 30-1/1

```
      中国工商银行
      转账支票存根
      ARI45220

附加信息：_____

出票日期      2017年12月10日
收款人：金堂县电力公司
金　额：￥1500.00
用　途：支付上月电费
备　注
单位主管：赵英武  会计：杨慧
```

凭证 31-1/1

中 华 人 民 共 和 国
税 收 通 用 缴 款 书

地

隶属关系：区

(2017)川地缴电60493952号

注册类型：有限责任公司　　　填发日期：2017 年12月10日　　征收机关:成都市地税局

<table>
<tr><td rowspan="4">缴款单位（个人）</td><td>代　　码</td><td colspan="3">140128378961001</td><td rowspan="4">预算科目</td><td>编码</td><td colspan="3">1020101(20066)</td></tr>
<tr><td>全　　称</td><td colspan="3">成都永兴建材有限责任公司</td><td>名称</td><td colspan="3">其他印花税</td></tr>
<tr><td>开户银行</td><td colspan="3">工商银行成华区支行</td><td>级次</td><td colspan="3">市级100%</td></tr>
<tr><td>账　　号</td><td colspan="3">352000456789000123</td><td>收缴国库</td><td colspan="3">四川省国库</td></tr>
<tr><td colspan="4">税款所属时期　2017年11月01日至2017年11月30日</td><td colspan="4">税款限缴日期　2017年12月10日</td></tr>
<tr><td>品　目
名　称</td><td>课税
数量</td><td>计税金额或
销售收入</td><td>税率或
单位税额</td><td colspan="2">应缴
税额</td><td colspan="2">已缴或
扣除额</td><td>实缴金额</td></tr>
<tr><td>印花税
滞纳金及罚款</td><td></td><td></td><td></td><td colspan="2">0.00</td><td colspan="2"></td><td>2000.00
200.00</td></tr>
<tr><td>金 额 合 计(大写)</td><td colspan="4">人民币贰仟贰佰元整</td><td colspan="3"></td><td>￥2200.00</td></tr>
<tr><td>缴款单位（个人）

(盖章)
经办人(章)</td><td colspan="4">填票人　周华利
王利军

龙泉驿-07</td><td colspan="3">上列款项已收妥并划转收款单位账户

转讫

国库(银行)盖章　年　月　日</td><td>备注</td></tr>
</table>

逾期不缴按税法规定加收滞纳金

无银行收讫章无效

第一联收据国库(经收处)收款盖章后退缴款单位(个人)作完税凭证

凭证 32-1/1

现金盘点报告表
2017 年 12 月 10 日

单位名称：成都永兴建材有限责任公司

<table>
<tr><td rowspan="2">实 存 金 额</td><td rowspan="2">账 存 金 额</td><td colspan="2">盈 亏 情 况</td><td rowspan="2">备　　注</td></tr>
<tr><td>盘盈数</td><td>盘亏数</td></tr>
<tr><td>3606.00</td><td>2706.00</td><td>900.00</td><td></td><td></td></tr>
<tr><td></td><td></td><td></td><td></td><td></td></tr>
<tr><td></td><td></td><td></td><td></td><td></td></tr>
<tr><td></td><td></td><td></td><td></td><td></td></tr>
</table>

处理意见：

转作"营业外收入"

主管：苏科峰　　　　　会计：杨慧　　　　　核点：杨花

凭证 33-1/4

成都永兴建材有限责任公司 2017 年 11 月工资汇总表

单位：元

部门		基本工资	奖金	津贴	缺勤应扣	应付工资	代扣款项				扣款合计	实发工资
							社保 10.4%	公积金 5%	个人所得税	其他扣款		
单板车间	管理人员	4 000.00	2 000.00	1 000.00	0.00	7 000.00	728.00	350.00	137.20		1 215.20	5 784.80
	生产工人	72 500.00	31 070.00	14 500.00	150.00	117 920.00	12 263.68	5 896.00	1.42		18 161.10	99 758.90
胶合车间	管理人员	4 000.00	2 000.00	1 000.00	0.00	7 000.00	728.00	350.00	137.20		1 215.20	5 784.80
	生产工人	77 500.00	33 160.00	15 500.00	200.00	125 960.00	13 099.84	6 298.00	2.83		19 400.67	106 559.33
蒸汽车间	管理人员	4 000.00	2 000.00	1 000.00	0.00	7 000.00	728.00	350.00	137.20		1 215.20	5 784.80
	生产工人	22 500.00	9 810.00	4 500.00	50.00	36 760.00	3 823.04	1 838.00	2.68		5 663.72	31 096.28
调胶车间	管理人员	4 000.00	2 000.00	1 000.00	0.00	7 000.00	728.00	350.00	137.20		1 215.20	5 784.80
	生产工人	15 000.00	6 680.00	3 000.00	100.00	24 580.00	2 556.32	1 229.00	1.42		3 786.74	20 793.26
运输部	管理人员	4 000.00	2 000.00	1 000.00	0.00	7 000.00	728.00	350.00	137.20		1 215.20	5 784.80
	生产工人	17 500.00	9 250.00	4 200.00	50.00	30 900.00	3 213.60	1 545.00	49.24		4 807.84	26 092.16
管理部门		106 200.00	52 050.00	29 400.00	150.00	187 500.00	19 500.00	9 375.00	2 472.14	2 000.00	33 347.14	154 152.86
后勤部		43 000.00	22 950.00	16 200.00	300.00	81 850.00	8 512.40	4 092.50	221.80		12 826.70	69 023.30
营销部		21 500.00	75 000.00	8 700.00	0.00	105 200.00	10 845.60	5 260.00	5 486.86		21 592.46	83 607.54
合计		395 700.00	249 970.00	105 000.00	1 000.00	745 670.00	77 454.48	37 283.50	8 924.39	2 000.00	125 662.37	620 007.63

注：其他扣款 2 000 元为 10 月企业为刘明代垫住院费，从本月工资中扣除。

凭证 33-2/4

代发工资委托书

单位名称：成都永兴建材有限责任公司　　　　账号：4000138000445566777

代发工资文件名：4402165205300155500

代发工资金额：620007.63　　　　　　　　代发工资笔数：152

赵英武

经办人：杨慧　　　　　　　　　　　　提交银行日期：2017 年 12 月 10 日

银行受理情况（业务公章）

（中国银行龙泉驿支行 ★ 业务公章）

网点负责人：　　　　　　验证人：　　　　　　核算网点号：3247

凭证 33-3/4

工资划款明细表

工号	账号	姓名	金额	身份证号
20091042	62222025789465202	刘明	3795.80	（略）
20104652	62222578412015862	周大林	3965.52	
20105547	63547849501524854	张凯	5482.21	
……	……	……	……	

成都永兴建材有限责任公司职工共 152 人，后续明细略。

合计金额：　　　　　　　　　　　　　　620007.63

凭证 33-4/4

中国银行
转账支票存根

支票号码 332245220

科　　目 ＿＿＿＿＿＿＿＿

对方科目 ＿＿＿＿＿＿＿＿

签发日期　　　2017年12月10日

收款人：	
金　额：	¥620007.63
用　途：	支付职工薪酬
备　注	

单位主管：赵英武　会计：杨慧

凭证 34-1/6

四川省社会保障基金专用收据

单位名称：成都永兴建材有限责任公司　　　　　　　开票日期 2017 年 12 月 10 日

项目名称	金额							
	十万	千	百	十	元	角	分	
12月份社保基金	2	8	5	4	0	2	5	2

金额大写（人民币合计）：⊗贰拾捌万伍仟肆佰零拾贰元伍角贰分

收款单位（盖发票专用章有效）　　　　　　审核：　　　　　　经办：周利

第二联　发票联

凭证 34-2/6

四川省住房公积金中心专用收据

单位名称：成都永兴建材有限责任公司　　　　　　　开票日期 2017 年 12 月 10 日

项目名称	金额							
	十万	千	百	十	元	角	分	
12月份住房公积金（个人代扣部分50%，企业承担50%）	￥	7	4	5	6	7	0	0

金额大写（人民币合计）：⊗零拾柒万肆仟伍佰陆拾柒元零角零分

收款单位（盖发票专用章有效）　　　　　　审核：　　　　　　经办：张娜拉

第二联　发票联

凭证 34-3/6	**凭证 34-4/6**
中国银行 转账支票存根 支票号码 332245221 科　　目＿＿＿＿＿＿＿＿＿ 对方科目＿＿＿＿＿＿＿＿＿ 签发日期　　2017年12月10日 收款人： 金　额：￥285402.52 用　途：缴纳社保基金 备　注 单位主管：赵英武　会计：杨慧	中国银行 转账支票存根 支票号码 332245222 科　　目＿＿＿＿＿＿＿＿＿ 对方科目＿＿＿＿＿＿＿＿＿ 签发日期　　2017年12月10日 收款人： 金　额：￥74567.00 用　途：缴纳住房公积金 备　注 单位主管：赵英武　会计：杨慧

凭证 34-5/6

中国银行进账单(回单)1

2017 年 12 月 10 日　　　　　　　　　　　第 2410 号

出票人	全称	成都永兴建材有限责任公司	收款人	全称	成都市社保管理中心
	账号	4000138000445560000		账号	5789138580445525897
	开户银行	中国银行金堂县支行		开户银行	中国银行武侯区支行

人民币(大写)	贰拾捌万伍仟肆佰零拾贰元伍角贰分	千	百	十	万	千	百	十	元	角	分
				¥	2	8	5	4	0	2	5	2

票据种类	转账支票	票据张数	1 张
票据号码	332245221		

单位主管　会计　复核　记账　　　　开户银行签章

此联出票人开户银行交给出票人的回单

凭证 34-6/6

中国银行进账单(回单)1

2017 年 12 月 10 日　　　　　　　　　　　第 2411 号

出票人	全称	成都永兴建材有限责任公司	收款人	全称	成都市住房公积金管理中心
	账号	4000138000445560000		账号	5789138580445525897
	开户银行	中国银行金堂县支行		开户银行	中国银行武侯区支行

人民币(人写)	柒万肆仟伍佰陆拾柒元整	千	百	十	万	千	百	十	元	角	分
					¥	7	4	5	6	7	0	0

票据种类	转账支票	票据张数	1 张
票据号码	332245222		

单位主管　会计　复核　记账　　　　开户银行签章

凭证 35-1/1

中 华 人 民 共 和 国
税 收 通 用 缴 款 书

国

纳税人编码：140128378961001　　　　　　　　　　　　　　(2017)川国缴10411988号

隶属关系：区

注册类型：有限责任公司　　　　填发日期：2017 年 12 月 10 日　　　征收机关：成都市金堂县国家税务局

缴款单位（个人）	代　码	16785012			预算科目	编码	1020101(20066)
	全　称	成都永兴建材有限责任公司				名称	城市一般
	开户银行	中国银行金堂县支行				级次	中央60%市级40%
	账　号	4000138000445566777				收缴国库	金堂县国库

税款所属时期　2017年11月01日至2017年11月30日				税款限缴日期　2017年12月10日			
品　目名　称	课税数量	计税金额或销售收入	税率或单位税额	应缴税额	已缴或扣除额	实缴金额	
工资薪金所得				0.00		8924.39	
金额合计(大写)	人民币捌仟玖佰贰拾肆元叁角玖分					¥8924.39	
缴款单位（个人） （盖章） 经办人(章)	填票人 周华利 王利军		上列款项已收妥并划转收款单位账户 转讫			备注	

逾期不缴按税法规定加收滞纳金

凭证 36-1/2

中 华 人 民 共 和 国
税 收 通 用 缴 款 书

国

纳税人编码：140128378961001　　　　　　　　　　　　　　(2017)川国缴10411959号

隶属关系：区

注册类型：有限责任公司　　　　填发日期：2017 年 12 月 10 日　　　征收机关：成都市金堂县国家税务局

缴款单位（个人）	代　码	16785012			预算科目	编码	148600
	全　称	成都永兴建材有限责任公司				名称	城市一般
	开户银行	中国银行金堂县支行				级次	中央75%市级25%
	账　号	4000138000445566777				收缴国库	金堂县国库

税款所属时期　2017年11月01日至2017年11月30日				税款限缴日期　2017年12月10日			
品　目名　称	课税数量	计税金额或销售收入	税率或单位税额	应缴税额	已缴或扣除额	实缴金额	
增值税		921396.35	17%	156637.38	0	156637.38	
金额合计(大写)	人民币壹拾伍万陆仟陆佰叁拾柒元叁角捌分					¥156637.38	
缴款单位（个人） （盖章） 经办人(章)	填票人 周华利 王利军		上列款项已收妥并划转收款单位账户 转讫			备注	

逾期不缴按税法规定加收滞纳金

凭证 36-2/2

中华人民共和国
税收通用缴款书

地

隶属关系：区　　　　(2017)蓉地缴电60493952号

注册类型：有限责任公司　　填发日期：2017 年12月10日　征收机关：成都市金堂县地方税务局

缴款单位（个人）	代　　码	6785012	预算科目	编码	1020101(20066)
	全　　称	成都永兴建材有限责任公司		名称	城市一般
	开户银行	中国银行金堂县支行		级次	市级40%区级60%
	账　　号	4000138000445566777	收缴国库	成都市金堂县国库	
税款所属时期	2016年11月01日至2016年11年30日		税款限缴日期	2017年12月10日	

品目名称	课税数量	计税金额或销售收入	税率或单位税额	应缴税额	已缴或扣除额	实缴金额
城市维护建设税		156637.38	5%	7831.87		7831.87
教育费附加		156637.38	3%	4699.12		4699.12
地方教育费附加		156637.38	2%	3132.75		3132.75
						¥ 15663.74
金额合计(大写)	人民币壹万伍仟陆佰陆拾叁元柒角肆分					
缴款单位（个人） (盖章) 经办人(章)	填票人 周华利	上列款项已收妥并划转收款单位账户 国库(银行)盖章　年　月　日				备注

无银行收讫章无效

第一联(收据)国库(经收处)收款盖章后退缴款单位(个人)作完税凭证

逾期不缴按税法规定加收滞纳金

凭证 37-1/2

半成品入库单

收料部门：单板仓库　　2017 年 12 月 11 日　　专字　第 B302 号

种类	编号	名　称	数量	单位	单价	成本总额									
						千	百	十	万	千	百	十	元	角	分
半成品	101	柳桉单板	520	m^3											
半成品	102	杨木单板	600	m^3											
备注															

第三联　财务记账

负责人：张晓春　　记账：边小红　　验收：张友佳　　填单：刘为

凭证 37-2/2

产成品入库单

收料部门：成品仓库　　　　　　　2017 年 12 月 11 日　　　　　　　专字　第 B401 号

种类	编号	名　称	数量	单位	单价	成 本 总 额									
						千	百	十	万	千	百	十	元	角	分
产成品	201	普通板	372	m³											
产成品	202	覆膜板	385	m³											
备注															

负责人：李建平　　　　记账：边小红　　　　验收：杨晶　　　　填单：张兰

第三联　财务记账

凭证 38-1/2

差旅费报销单

2017 年 12 月 11 日

姓名　李明　　　　部门　采供部　　　　出差事由　重庆出差　　　　单据张数 5 张

起止日期				起止地点	火车费	市内车费	住宿费	途中伙食补助			出勤费		其他
月	日	月	日					标准	天数	金额	天数	金额	
12	7	12	11	成都—重庆	350.00	279.00	640.00	70.00	4.0	280.00	4.00	800.00	
		合　　计			350.00	478.00	640.00	70.00	4.00	280.00	4.00	800.00	

人民币（大写）贰仟伍佰肆拾捌元整　　　　应退（补）：－48.00

审核：　　　　部门主管：张雨然　　　　财务主管：苏科峰

凭证 38-2/2

收 款 收 据

2017 年 12 月 11 日　　　　　　　　　编号：157560

领款人（单位）	李明								
摘要	补付差旅费								
金额（大写）	人民币肆拾捌元整			十	元	角	分		
					¥	4	8	0	0

现金付讫

主管：苏科峰　　　　会计：杨慧　　　　出纳：杨花

凭证 39-1/3

固定资产处置申请单

固定资产编号：7410　　　　　　2017 年 12 月 11 日　　　　　　固定资产卡账号：45

固定资产名称	规格型号	单位	数量	开始使用时间	预计使用年限	原值	已提折旧	备注
海尔空调	KFRd-50lw	台	1	2009 年 12 月 5 日	10	5000.00	3648.00	出售
使用部门：行政部办公室						预计净残值		440.00
固定资产状况及处置原因	闲置未用							

处理意见	使用部门	技术鉴定小组	固定资产管理部门	主管部门审批
	申请出售	同意	同意出售	同意出售

赵英武

凭证 39-2/3

四川省增值税普通发票

发票联

No.54685411

开票日期：2017年12月11日

购货单位	名　　　称：成都永兴建材有限责任公司 纳税人识别号：140128378961001 地址、电话：成都市金堂县赵镇金堂工业园 开户行及账号：中国银行金堂县支行　4000138000445566777				密码区	（略）		
货物或应税劳务名称	规格型号	单位	数量	单价	金额	税率	税额
设备拆除费					529.13	3%	15.87
合　　计					529.13	3%	15.87
价税合计（大写）　⊗伍佰肆拾伍元整				（小写）￥545.00			
销货单位	名　　　称：成都元庆设备维修服务公司 纳税人识别号：610126342625462 地址、电话：成都市金堂县周口路385号 开户行及账号：中国银行金堂县支行　4563286091105810			备注	成都元庆设备维修服务公司 发票专用章		

现金付讫

收款人：　　　　复核：　　　　　　开票人：曾霞　　　　销货单位：（章）

第二联　发票联　购货方记账凭证

凭证 39-3/3

四川省增值税专用发票

记 账 联

No.001781235

开票日期：2017年12月14日

购货单位	名　　　称：成都静安公司 纳税人识别号：37985476542823 地址、电话：成都市金堂县城关路5号 开户行及账号：中国银行金堂县支行　54537569611578900000					密码区	（略）		
货物或应税劳务名称	规格型号	单位	数量	单价		金额	税率	税额
海尔空调	KFRd-50lw	台	1			1282.05	17%	217.95
合　　计						1282.05	17%	217.95
价税合计（大写）　⊗壹仟伍佰元整						（小写）￥1500.00		
销货单位	名　　　称：成都永兴建材有限责任公司 纳税人识别号：140128378961001 地址、电话：成都市金堂县赵镇金堂工业园 开户行及账号：中国银行金堂县支行　4000138000445566777					备注			

收款人：　　　　　复核：　　　　　开票人：杨慧　　　　　销货单位：（章）

第四联 记账联 销货方记账凭证

现金付讫

成都永兴建材有限责任公司 发票专用章

凭证 40-1/3

四川省非税收入通用票据

填制日期：2017年12月12日

收到：成都永兴建材有限责任公司					金　额							
项目名称	数量	单位	标准		十万	千	百	十	元	角	分
捐赠					1	0	0	0	0	0	0	0
金额(大写)：人民币壹拾万元整												

收款单位（财务公章）　　　　　收款人：李艾　　　　　经手人：舒畅欣

第三联 收据联

中国红十字会龙泉分会 财务专用章

凭证 40-2/3

```
┌─────────────────────────────────────┐
│            中国工商银行               │
│            转账支票存根               │
│             ARI45221                  │
│                                       │
│  附加信息：_____    │
│                                       │
│  出票日期    2017年12月12日           │
│  收款人：中国红十字会龙泉分会         │
│  金  额：￥100000.00                  │
│  用  途：捐赠                         │
│  备  注                               │
│  单位主管：赵英武   会计：杨慧        │
└─────────────────────────────────────┘
```

凭证 40-3/3

中国工商银行进账单（回单）1

2017 年 12 月 12 日　　　　　　　　　　　　第 8547 号

出票人	全 称	成都永兴建材有限责任公司	收款人	全 称	中国红十字会龙泉分会
	账 号	352000456789000000		账 号	3456721584445552864
	开户银行	工商银行成华区支行		开户银行	工商银行金堂县支行

人民币（大写）	壹拾万元整	千	百	十	万	千	百	十	元	角	分
			￥	1	0	0	0	0	0	0	0

票据种类	转账支票	票据张数	1 张
票据号码	ARI45221		

中国工商银行
成华区支行
2017.12.12
转
开户银行签章

单位主管　　会计　　复核　　记账

此联出票人开户银行交给出票人的回单

凭证 41-1/1

中国工商银行电汇凭证（收账通知或取款收据）4

委托日期 2017 年 12 月 12 日

第 号

应解汇款编号

汇票人	全 称	淘相因装饰公司	收款人	全 称	成都永兴建材有限责任公司
	账 号	740645696121357000		账 号	352000456789000123
	汇出地点	四川省成都市武侯区		汇入地点	四川省成都市金堂县

汇出行名称	工商银行武侯区支行	汇入行名称	工商银行成华区支行

金额	人民币（大写）	贰佰肆拾捌万贰仟叁佰伍拾元整	亿	千	百	十	万	千	百	十	元	角	分
				¥	2	4	8	2	3	5	0	0	0

汇款用途：货款 如需加急，请在括号内注明（ ） 支付密码

附加信息及用途：3% 现金折扣

汇出行签章 复核： 记账：

此联给收款人收账通知或代取款收据

凭证 42-1/2

中国太平洋保险公司保险费发票

发票代码：246158101564

2017年12月13日填制

发票号码：00061254

交款人	成都永兴建材有限责任公司	付款方式	支票
交款事由	财产保险费	保险单号	48795
保险期限：2018年1月1日至2018年12月31日			
金额（大写）人民币陆仟元整			
盖章：			
会计主管： 记账： 审核： 出纳： 经办：李丽			

中国太平洋保险公司
成都分公司
财务专用章

第二联 客户联

凭证 42-2/2

中国工商银行
转账支票存根
ARI45222

附加信息：＿＿＿＿＿＿＿＿＿＿＿＿

出票日期	2017年12月13日
收款人：太平洋保险公司	
金　额：￥6000.00	
用　途：支付2018年财产保险费	
备　注	
单位主管：赵英武　　会计：杨慧	

凭证 43-1/2

四川省成都市农产品收购发票

抵 扣 联

四川省
国家税务局监制

开票日期：2017年12月13日

发票代码：246158101547
发票号码：00061255

销货人	吉林敦化林木种植基地			身份证号码												
详细地址	吉林敦化市丹江街长松路16号														
品 名	等级	单位	数 量			单价	金 额								
			毛重	折扣	净重		千	百	十	万	千	百	十	元	角	分
杨木原木		m³	5000		5000	1480		7	4	0	0	0	0	0	0	0
合计人民币（大写）	人民币柒佰肆拾万元整						￥	7	4	0	0	0	0	0	0	0
收购单位名称	成都永兴建材有限责任公司			纳税人登记证号	140128378961001										
地址、电话	成都市金堂县赵镇金堂工业园			开户银行及账号	中国银行金堂县支行4000138000445566777										

收购单位（盖章有效）　　　　　开票人：杨慧　　　　　销货人签字：赵新新

第三联　税务抵扣联

凭证 43-2/2

四川省成都市农产品收购发票
记 账 联

发票代码：246158101547

开票日期：2017年12月13日 　　　　　　　　发票号码：00061255

| 销货人 | 吉林敦化林木种植基地 | | 身份证号码 | | | | | | | | | | |
| 详细地址 | 吉林敦化市丹江街长松路16号 | | | | | | | | | | | | |

品　名	等级	单位	数　量			单价	金　额									
			毛重	折扣	净重		千	百	十	万	千	百	十	元	角	分
杨木原木		m³	5000		5000	1480		7	4	0	0	0	0	0	0	0

第四联 记账联

合计人民币（大写）	人民币柒佰肆拾万元整			¥	7	4	0	0	0	0	0	0	0
收购单位名称	成都永兴建材有限责任公司	纳税人登记证号	140128378961001										
地址电话	成都市金堂县赵镇金堂工业园	开户银行及账号	中国银行金堂县支行4000138000445566777										

收购单位（盖章有效）　　　开票人：杨慧　　　　　　　　　　销货人签字：赵新新

凭证 44-1/4

成都永兴建材有限责任公司退休费发放表
2017 年 12 月 13 日

姓　名	退休工资	补　贴	合　计	签　名
元　进	1500	100	1600	
楚青云	1800	200	2000	
……	……	……	……	……
合　计	35000	2300	37300	

凭证 44-2/4

代发退休费委托书

单位名称：成都永兴建材有限责任公司　　　账号：4000138000445566777

代发工资文件名：4402165205300155500

代发工资金额：37300.00　　　　　　　代发退休费笔数：18

赵英武

经办人：杨慧　　　　　　　　　提交银行日期：2017 年 12 月 13 日

银行受理情况（业务公章）

网点负责人：　　　验证人：　　　核算网点号：3247

凭证 44-3/4

工资划款明细表

账号	姓名	金额	身份证号
62222025789465459	元 进	1600	（略）
62222578412015269	楚青云	2000	
……	……	……	
合计		37300.00	

凭证 44-4/4

中国银行
现金支票存根

支票号码 332245223

科　　　目 _____

对方科目 _____

签发日期　　　2017年12月13日

收款人：	
金　额：¥37300.00	
用　途：支付退休费	
备　注	
单位主管：赵英武　会计：杨慧	

凭证 45-1/3

河北省增值税专用发票

No.13775221

开票日期：2017年12月13日

购货单位	名　　称：成都永兴建材有限责任公司
	纳税人识别号：140128378961001
	地址、电话：成都市金堂县赵镇金堂工业园
	开户行及账号：工商银行成华区支行　352000456789000123

密码区 （略）

第二联 发票联 购货方记账凭证

货物或应税劳务名称	规格型号	单位	数量	单价	金额	税率	税额
酚醛树脂		千克	2000	5.31	10620.00	17%	1805.40
合　计					10620.00	17%	1805.40

价税合计（大写）	⊗壹万贰仟肆佰贰拾伍元肆角整	（小写）¥12425.40

销货单位	名　　称：郑州化工集团中原化工厂
	纳税人识别号：610126342670531
	地址、电话：河北省石家庄市城南大道5号
	开户行及账号：工商银行石家庄三棵树支行　456328609111854

备注

郑州化工集团中原化工厂
发票专用章

收款人：　　　复核：　　　开票人：李亚平　　　销货单位：（章）

凭证 45-2/3

<h1>河北省增值税专用发票</h1>
<h2>抵 扣 联</h2>

No.13775221

开票日期：2017年12月13日

购货单位	名　　称：成都永兴建材有限责任公司				密码区	（略）		
	纳税人识别号：140128378961001							
	地址、电话：成都市金堂县赵镇金堂工业园							
	开户行及账号：工商银行成华区支行　352000456789000123							

货物或应税劳务名称	规格型号	单位	数量	单价	金额	税率	税额
酚醛树脂		千克	2000	5.31	10620.00	17%	1805.40
合　　计					10620.00	17%	1805.40

价税合计（大写）　⊗壹万贰仟肆佰贰拾伍元肆角整　　　（小写）￥12425.40

销货单位	名　　称：郑州化工集团中原化工厂	备注
	纳税人识别号：610126342670531	
	地址、电话：河北省石家庄市城南大道5号	
	开户行及账号：工商银行石家庄三棵树支行　456328609111854	

收款人：　　　　复核：　　　　开票人：李亚平　　　　销货单位：（章）

凭证 45-3/3

<h1>收 料 单</h1>

材料科目：原材料　　　　　　　　　　　　　　　　　　编　　号：B206

材料类别：原材料及主要材料　　　　　　　　　　　　　收料仓库：物料仓库

供应单位：中原化工厂　　　　2017 年 12 月 13 日　　　发票号码：13775221

种类	编号	名　称	规格	数量	单位	单价	成本总额									
							千	百	十	万	千	百	十	元	角	分
材料	A04	酚醛树脂		2000	千克											
备注																

负责人：孙立　　　　记账：边小红　　　　验收：张华　　　　保管员：陈如龙

凭证 46-1/2

委托销售商品代销清单

委托代销单位：成都永兴建材有限责任公司

受托代销单位：北方贸易公司　　　　　　　　　　　　日期：2017 年 12 月 14 日

序号	商品或劳务名称	规格型号	计量单位	数量	单价	金额	税率	税额
1	普通板	5×1220×2440	m³	300	5850.00	1755000.00	17%	298350.00
2	覆膜板	15×1220×2440	m³	500	6700.00	3350000.00	17%	569500.00
合计						5105000.00	17%	867850.00
价税合计（大写）	⊗伍佰玖拾柒万贰仟捌佰伍拾元整							￥5972850.00
备注								

第二联　销货方记账联

凭证 46-2/2

四川省增值税专用发票

记 账 联

No.001785965

开票日期：2017 年 12 月 14 日

购货单位	名　称：北方贸易公司 纳税人识别号：37985476327890 地址、电话：西安市塔前区舟山路889号 开户行及账号：中国银行塔前区支行　5453756961213570000					密码区	（略）		
货物或应税劳务名称	规格型号	单位	数量	单价		金额	税率	税额	
普通板	5×1220×2440	m³	300	5850.00		1755000.00	17%	298350.00	
覆膜板	15×1220×2440	m³	500	6700.00		3350000.00	17%	569500.00	
合　计						5105000.00	17%	867850.00	
价税合计（大写）	⊗伍佰玖拾柒万贰仟捌佰伍拾元整　　（小写）￥5972850.00								
销货单位	名　称：成都永兴建材有限责任公司 纳税人识别号：140128378961001 地址、电话：成都市金堂县赵镇金堂工业园 开户行及账号：中国银行金堂县支行　40001380004455667777					备注			

收款人：　　　复核：　　　开票人：杨慧　　　销货单位：（章）

第四联　记账联　销货方记账凭证

凭证 47-1/1

成都永兴建材有限责任公司

关于同意转销无法支付前欠货款的批复

财务部：

你部《关于转销无法支付前欠西山林业公司货款的请示》已经收悉。经核实，所述该公司已经破产倒闭事实属实，根据有关财务制度的规定，同意将该应付账款 80000 元（人民币捌万元整）转作营业外收入。请按照相关财务制度进行账务处理。

特此批复。

成都永兴建材有限责任公司
公司董事会
（董事会章）

2017 年 12 月 14 日

凭证 48-1/1

收 料 单

材料科目：原材料　　　　　　　　　　　　　　　　　　编　　号：B102
材料类别：原材料及主要材料　　　　　　　　　　　　　收料仓库：原木仓库
供应单位：敦化林木　　　　　　2017 年 12 月 14 日　　发票号码：00061255

种类	编号	名　称	规格	数量	单位	单价	成 本 总 额									
							千	百	十	万	千	百	十	元	角	分
材料	A02	杨木原木		5000	m³											
备注																

负责人：孙立　　　　　记账：边小红　　　　　验收：张华　　　　　保管员：周大林

第三联　财务记账

凭证 49-1/2

活动中心租用合同

甲方：成都永兴建材有限公司（以下简称甲方）

法定地址：成都市金堂县赵镇金堂工业园

法人代表：赵英武

乙方：金堂县老年大学（以下简称乙方）

法定地址：成都市金堂县航山路 889 号

法人代表：高阳

第一条　甲方将拥有的位于金堂县区赵镇金堂工业园公司后勤楼活动中心出租给乙方，租期 7 天。

第二条　租金含增值税 3675 元，即日现金支付。

第三条　为保证乙方履行义务……

……

第八条　协议自签定之日起生效

甲方（公章）：成都永兴建材有限责任公司　　　　乙方：金堂县老年大学

甲方代表（签字）：赵英武　　　　　　　　　　乙方代表（签字）：高阳

2017 年 12 月 15 日　　　　　　　　　　　　2017 年 12 月 15 日

凭证 49-2/2

四川省增值税普通发票

No.00178597

开票日期：2017 年 12 月 15 日

购货单位	名　　称：金堂县老年大学 纳税人识别号：37985475214687 地　址、电话：金堂县航山路889号 开户行及账号：中国银行金堂县支行　34537569612135700000					密码区	（略）		
货物或应税劳务名称	规格型号	单位	数量	单价		金额	税率	税额	
活动中心租赁费						3500.00	5%	175.00	
合　　计						3500.00	5%	175.00	
价税合计（大写）　⊗ 叁仟捌佰捌拾伍元整						（小写）￥3675.00			
销货单位	名　　称：成都永兴建材有限责任公司 纳税人识别号：140128378961001 地　址、电话：成都市金堂县赵镇金堂工业园 开户行及账号：中国银行金堂县支行　4000138000445566777					备注			

收款人：　　　复核：　　　开票人：杨慧　　　销货单位：（章）

现金收讫

凭证 50-1/10

<h2 style="text-align:center">领 料 单</h2>

发货仓库：原木仓库   第 A103 号

领料部门：单板车间   制造令号（BOM）：101（柳桉单板）   2017 年 12 月 15 日

类别	编号	名称型号	单位	应发数量	实发数量	单位成本	金 额
材料	A01	柳桉原木	m³	1500	1500		
合 计							

负责人：   经发：何晓华   保管：周大林   填单：周大林

第三联 财务记账

凭证 50-2/10

<h2 style="text-align:center">领 料 单</h2>

发货仓库：原木仓库   第 A104 号

领料部门：单板车间   制造令号（BOM）：102（杨木单板）   2017 年 12 月 15 日

类别	编号	名称型号	单位	应发数量	实发数量	单位成本	金 额
材料	A02	杨木原木	m³	1500	1500		
合 计							

负责人：   经发：徐克   保管：周大林   填单：周大林

第三联 财务记账

凭证 50-3/10

<h2 style="text-align:center">领 料 单</h2>

发货仓库：单板仓库   第 A303 号

领料部门：胶合车间   制造令号（BOM）：201（普通板）   2017 年 12 月 15 日

类别	编号	名称型号	单位	应发数量	实发数量	单位成本	金 额
材料	101	柳桉单板	m³	250	250		
材料	102	杨木单板	m³	400	400		
合 计							

负责人：   经发：林夕   保管：张友佳   填单：张友佳

第三联 财务记账

凭证 50-4/10

<h2 align="center">领 料 单</h2>

发货仓库：单板仓库　　　　　　　　　　　　　　　　　　　　第 A304 号

领料部门：胶合车间　　　　制造令号（BOM）：202（覆膜板）　　2017 年 12 月 15 日

类别	编号	名称型号	单位	应发数量	实发数量	单位成本	金 额
材料	101	柳桉单板	m³	200	200		
材料	102	杨木单板	m³	300	300		
合　计							

负责人：　　　　　经发：李佳美　　　　保管：张友佳　　　　填单：张友佳

第三联　财务记账

凭证 50-5/10

<h2 align="center">领 料 单</h2>

发货仓库：物料仓库　　　　　　　　　　　　　　　　　　　　第 A215 号

领料部门：单板车间　　　　制造令号（BOM）：　　　　　　　2017 年 12 月 15 日

类别	编号	名称型号	单位	应发数量	实发数量	单位成本	金 额
材料	B01	车件	个	10000	10000		
材料	B02	管件	个	10000	10000		
材料	D02	工作服	套	20	20		
材料	D03	专用手套	副	20	20		
合　计							

负责人：　　　　　经发：易如意　　　　保管：陈如龙　　　　填单：陈如龙

第三联　财务记账

凭证 50-6/10

<h2 align="center">领 料 单</h2>

发货仓库：物料仓库　　　　　　　　　　　　　　　　　　　　第 A216 号

领料部门：运输部　　　　制造令号（BOM）：　　　　　　　　2017 年 12 月 15 日

类别	编号	名称型号	单位	应发数量	实发数量	单位成本	金 额
材料	B02	管件	个	33	33		
材料	D05	稿签纸	本	5	5		
合　计							

负责人：　　　　　经发：易如意　　　　保管：陈如龙　　　　填单：陈如龙

第三联　财务记账

凭证 50-7/10

<h2 style="text-align:center">领 料 单</h2>

发货仓库：物料仓库 第 A217 号

领料部门：蒸汽车间　　　　制造令号（BOM）： 2017 年 12 月 15 日

类别	编号	名称型号	单位	应发数量	实发数量	单位成本	金　额
材料	A12	油料	吨	12	12		
合　　计							

负责人：　　　　　经发：易如意　　　　保管：陈如龙　　　　填单：陈如龙

第三联　财务记账

凭证 50-8/10

<h2 style="text-align:center">领 料 单</h2>

发货仓库：物料仓库 第 A218 号

领料部门：调胶车间　　　　制造令号（BOM）： 2017 年 12 月 15 日

类别	编号	名称型号	单位	应发数量	实发数量	单位成本	金　额
材料	A03	脲醛树脂	千克	40000	40000		
材料	A04	酚醛树脂	千克	30000	30000		
材料	A05	纯碱	千克	5000	5000		
材料	A06	氯化铵	千克	2500	2500		
合　　计							

负责人：　　　　　经发：易如意　　　　保管：陈如龙　　　　填单：陈如龙

第三联　财务记账

凭证 50-9/10

<h2 style="text-align:center">领 料 单</h2>

发货仓库：物料仓库 第 A219 号

领料部门：调胶车间　　　　制造令号（BOM）： 2017 年 12 月 15 日

类别	编号	名称型号	单位	应发数量	实发数量	单位成本	金　额
材料	A07	氨水	千克	1500	1500		
材料	A08	碳酸钙	千克	10000	10000		
材料	A09	乌洛托品	千克	1000	1000		
材料	A10	面粉	千克	15000	15000		
合　　计							

负责人：　　　　　经发：易如意　　　　保管：陈如龙　　　　填单：陈如龙

第三联　财务记账

凭证 50-10/10

<h1 style="text-align:center">领 料 单</h1>

发货仓库：物料仓库 第 A220 号

领料部门：营销部 制造令号（BOM）： 2017 年 12 月 15 日

类别	编号	名称型号	单位	应发数量	实发数量	单位成本	金 额
材料	D01	开口扳手	把	3	3		
材料	D08	签字笔	盒	10	10		
材料	D04	打印纸	包	10	10		
材料	D05	稿签纸	本	10	10		
合 计							

负责人： 经发：易如意 保管：陈如龙 填单：陈如龙

第三联 财务记账

凭证 51-1/7

成都永兴建材有限责任公司

关于同意吸收投资人的决议

按照有关法律、法规，2016 年 4 月 15 日，由成都永兴建材有限责任公司全体股东召开会议研究，决定同意吸收成都好人家食品有限公司和四川川能股份有限公司为企业投资人。

……

公司现有注册资本 1000 万元，会议同意由四川川能股份有限公司出资货币资金 41 万元，成都好人家食品有限公司出资固定资产双方协议价值（公允）85 万元，投资完成后企业注册资本达到 1100 万元。

各股东所占比例为：

赵英武：占注册资本 6/11。

明佳实业：占注册资本 5/22。

新华食品厂：占注册资本 3/22。

成都好人家食品有限公司：占注册资本 7/110。

四川川能股份有限公司：占注册资本 3/110。

成都永兴建材有限责任公司董事会

2016 年 5 月 15 日

凭证 51-2/7

出资证明

成都永兴建材有限责任公司因经营需要追加资本 100 万元。成都市金堂县工商管理局已于 2016 年 10 月 8 日核准（工商管字第 183 号）。

......

根据成都永信会计师事务所黎芳注册会计师 2016 年 12 月 6 日签署的【永会所】字第 45 号验资报告，成都好人家食品有限公司应依照合同一次缴付增加的注册资本人民币柒拾万元整（￥70000.00）。截至 2017 年 12 月 16 日已全部缴足，出资方式为固定资产。

特此证明

投资方（盖章）

此致

2017 年 12 月 15 日

受资方（盖章）

凭证 51-3/7

出资证明

成都永兴建材有限责任公司因经营需要追加资本 100 万元。成都市金堂县工商管理局已于 2016 年 10 月 8 日核准（工商管字第 183 号）。

......

根据成都永信会计师事务所黎芳注册会计师 2016 年 12 月 6 日签署的【永会所】字第 45 号验资报告，四川川能股份有限公司应依照合同一次缴付增加的注册资本人民币叁拾万元整（￥30000.00）。截至 2017 年 12 月 16 日已全部缴足，出资方式为货币资金。

特此证明

投资方（盖章）

此致

2017 年 12 月 15 日

受资方（盖章）

凭证 51-4/7

中国工商银行电汇凭证（收账通知或取款收据）4

委托日期 2017 年 12 月 16 日

第　号

应解汇款编号

汇票人	全　称	四川川能股份有限公司	收款人	全　称	成都永兴建材有限责任公司
	账　号	9685434513237895426		账　号	352000456789000123
	汇出地点	四川省德阳市/县		汇入地点	四川省成都市/县
汇出行名称		工商银行广汉市支行	汇入行名称		工商银行成华区支行

金额	人民币（大写）	肆拾壹万元整	亿	千	百	十	万	千	百	十	元	角	分
						¥	4	1	0	0	0	0	0	0

汇款用途：支付货款 如需加急，请在括号内注明（　）

支付密码

附加信息及用途：

复核：　　　　记账：

汇出行签章

此联给收款人收账通知或代取款收据

凭证 51-5/7

固定资产调拨单

调出单位：成都好人家食品有限公司

调入单位：成都永兴建材有限责任公司

资产编号	846	资产原值	1200000.00
资产名称	BY214X8/6-15 热压机	已提折旧	370000.00
启用日期	2012 年 5 月	协议价值	850000.00（公允）
调出原因	投资		

调出单位意见： 　　同意调出，用于投资。 　　　　负责人：朴慧中	调出单位资产管理部门意见： 　　同意　上官霖欣　12 月 16 日	调入单位意见： 　　同意调入。 交由胶合车间使用。 赵英武　12 月 16 日
	调出单位财务部门意见： 　　同意　李小然　12 月 16 日	

凭证 51-6/7

四川省增值税专用发票

发 票 联

No.13775255

开票日期：2017年12月16日

购货单位	名　　称：成都永兴建材有限责任公司 纳税人识别号：140128378961001 地 址、电 话：成都市金堂县赵镇金堂工业园 开户行及账号：工商银行成华区支行　352000456789000123	密码区	（略）

货物或应税劳务名称	规格型号	单位	数量	单价	金额	税率	税额
热压机	BY214X8/6-15	台	1	850000.00	850000.00	17%	144500.00
合　计					850000.00	17%	144500.00

价税合计（大写）	⊗玖拾玖万肆仟伍佰元整	（小写）￥994500.00	

销货单位	名　　称：成都好人家食品有限公司 纳税人识别号：987654342670531 地 址、电 话：成都市双流县正北街5号 开户行及账号：工商银行高新区支行　852648609794654	备注	成都好人家食品有限公司 发票专用章

收款人：　　　　复核：　　　　开票人：梅旭东　　　　销货单位：（章）

第二联 发票联 购货方记账凭证

凭证 51-7/7

四川省增值税专用发票

抵 扣 联

No.13775255

开票日期：2017年12月16日

购货单位	名　　称：成都永兴建材有限责任公司 纳税人识别号：140128378961001 地 址、电 话：成都市金堂县赵镇金堂工业园 开户行及账号：工商银行成华区支行　352000456789000123	密码区	（略）

货物或应税劳务名称	规格型号	单位	数量	单价	金额	税率	税额
热压机	BY214X8/6-15	台	1	850000.00	850000.00	17%	144500.00
合　计					850000.00	17%	144500.00

价税合计（大写）	⊗玖拾玖万肆仟伍佰元整	（小写）￥994500.00	

销货单位	名　　称：成都好人家食品有限公司 纳税人识别号：987654342670531 地 址、电 话：成都市双流县正北街5号 开户行及账号：工商银行高新区支行　852648609794654	备注	成都好人家食品有限公司 发票专用章

收款人：　　　　复核：　　　　开票人：梅旭东　　　　销货单位：（章）

第三联 抵扣联 购货方抵扣凭证

凭证 52-1/4

四川省增值税专用发票

发票联

No.63775256

开票日期：2017年12月16日

购货单位	名　　　称：成都永兴建材有限责任公司 纳税人识别号：140128378961001 地址、电话：成都市金堂县赵镇金堂工业园 开户行及账号：中国银行金堂县支行　4000138000445566777					密码区	（略）		
货物或应税劳务名称	规格型号	单位	数量	单价		金额	税率	税额	
修理费						1600.00	17%	272.00	
合　　计						1600.00	17%	272.00	
价税合计（大写）	⊗ 壹仟捌佰柒拾贰元整					（小写）￥1872.00			
销货单位	名　　　称：成都光明设备维修有限公司 纳税人识别号：987654342622211 地址、电话：成都市金堂县正北街5号 开户行及账号：中国银行金堂县支行　852648609791114					备注	成都光明设备维修有限公司 发票专用章		

收款人：　　　　　复核：　　　　　开票人：王东　　　　　销货单位：（章）

第二联　发票联　购货方记账凭证

凭证 52-2/4

四川省增值税专用发票

抵扣联

No.63775256

开票日期：2017年12月16日

购货单位	名　　　称：成都永兴建材有限责任公司 纳税人识别号：140128378961001 地址、电话：成都市金堂县赵镇金堂工业园 开户行及账号：中国银行金堂县支行　4000138000445566777					密码区	（略）		
货物或应税劳务名称	规格型号	单位	数量	单价		金额	税率	税额	
修理费						1600.00	17%	272.00	
合　　计						1600.00	17%	272.00	
价税合计（大写）	⊗ 壹仟捌佰柒拾贰元整					（小写）￥1872.00			
销货单位	名　　　称：成都光明设备维修有限公司 纳税人识别号：987654342622211 地址、电话：成都市金堂县正北街5号 开户行及账号：中国银行金堂县支行　852648609791114					备注	成都光明设备维修有限公司 发票专用章		

收款人：　　　　　复核：　　　　　开票人：王东　　　　　销货单位：（章）

第三联　抵扣联　购货方抵扣凭证

凭证 52-3/4

修理费用分配表

2017 年 12 月 16 日

设 备 名 称	所 属 部 门	应分配的费用/元
打印机	人力资源部	600
空调	财务部	400
打印机	营销部	300
电脑	胶合车间	300
合　　计		1600

凭证 52-4/4

中国银行
转账支票存根

支票号码 332245224

科　　目 ＿＿＿＿＿＿＿＿＿＿＿

对方科目 ＿＿＿＿＿＿＿＿＿＿＿

签发日期　2017 年 12 月 16 日

收款人：
金　额：￥1872.00
用　途：支付修理费
备　注
单位主管：赵英武　会计：杨慧

凭证 53-1/3

四川省增值税专用发票

(记账联)

No.001785966

开票日期：2017 年 12 月 17 日

购货单位	名　　称：淘相因装饰公司 纳税人识别号：36785763245140 地址、电话：成都市世纪路902号85674532 开户行及账号：中国银行武侯区支行　7406456961213570000				密码区	（略）			第四联　记账联　销货方记账凭证
货物或应税劳务名称	规格型号	单位	数量	单价	金额	税率	税额	
杨木单板		m³	100	3500.00	350000.00	17%	59500.00	
合　　计					350000.00	17%	59500.00	
价税合计（大写）	⊗ 肆拾万零玖仟伍佰元整				（小写）￥409500.00			
销货单位	名　　称：成都永兴建材有限责任公司 纳税人识别号：140128378961001 地址、电话：成都市金堂县赵镇金堂工业园 开户行及账号：中国银行金堂县支行　4000138000445566777				备注				

收款人：　　　　复核：　　　　　　开票人：杨慧　　　　销货单位：（章）

凭证 53-2/3

出 库 单

发货仓库：单板仓库　　　　　　　　　　　　　　　　　　　　第 A305 号
提货单位：淘相因装饰公司　　　　制造令号（BOM）：　　　　2017 年 12 月 17 日

类别	编号	名称型号	单位	应发数量	实发数量	单位成本	金　额
材料	102	杨木单板	m³	100	100		
合　计							

负责人：　　　　经发：李佳美　　　　保管：张友佳　　　　填单：张友佳

第三联 财务记账

凭证 53-3/3

支出证明单

2017 年 12 月 17 日　　　　　　　　　　　　　　　附件共　张

支出科目	摘　要	金　额							缺乏正式单据之原因
		万	千	百	十	元	角	分	
销售杨木单板	代垫运费			7	0	0	0	0	

合计人民币（大写）：⊗柒佰元整　　　　　　　　　　　　　　Ｙ700.00

现金付讫

核准：苏科峰　　　复核：刘东科　　　证明人：马铃　　　经手：夏雪

凭证 54-1/2

领　条

　　今领到成都永兴建材有限责任公司解除职工劳动合同关系生活补偿费 12000 元（人民币壹万贰仟元整）。
此据

　　　　　　　　　　　　　　　　　　　　　　　　　　领款人：马甜
　　　　　　　　　　　　　　　　　　　　　　　　　　2017 年 12 月 17 日

总经理审批意见：同意支付

赵英武

现金付讫

财务部经理：苏科峰　　　　　　会计：杨慧

凭证 54-2/2

中国银行
现金支票存根

支票号码 XII3576803

科　　目＿＿＿＿＿＿＿＿＿＿

对方科目＿＿＿＿＿＿＿＿＿＿

签发日期　　　2017年12月17日

| 收款人：成都永兴建材有限责任公司 |
| 金　　额：￥12000.00 |
| 用　　途：备用金 |
| 备　　注 |
| 单位主管：赵英武　会计：苏科峰 |

凭证 55-1/2

成都永兴建材有限责任公司
员工补助发放表
2017年12月17日

姓名	所在部门	项目	金额	签名
杨浩	运输部	困难补助	580.00	杨浩
合　计			580.00	

审批：赵英武　　　　　　　　　　　　制表：杨慧

凭证 55-2/2

支出证明单
2017 年 12 月 17 日　　　　　　　　　　　　附件共 1 张

支出科目	摘要	金额 万	千	百	十	元	角	分	缺乏正式单据之原因
支付困难补助	困难补助			5	8	0	0	0	

现金付讫

合计人民币（大写）：⊗伍佰捌拾零元零角零分　　　　　　￥580.00

核准：赵英武　　　复核：苏科峰　　　证明人：张乐喜　　　经手：杨洁

凭证 56-1/1

四川省成都市废旧物资回收销售发票
记账联

开户行：
账　号：
购货单位：成都星辰废品收购公司　　2017年12月18日填制

发票代码：546218195123
发票号码：75362178

货　号	品名及规格	单位	数量	单价	千	百	十	万	千	百	十	元	角	分	备注
	废书报等	公斤	2740	0.7					1	9	1	8	0	0	

金额（表头）

合计人民币（大写）　人民币壹仟玖佰壹拾捌元整　　　　¥191800

销货单位（盖章有效）　　开票人：张雪花　　　　收款：杨花

第四联 记账联

凭证 57-1/1

中国银行现金进账单（回单或收账通知）①

2017 年 12 月 8 日　　　　　　第 12 号

收款人	全称	成都永兴建材有限责任公司		开户银行	中国银行金堂县支行
	账号	4000138000445566777		款项来源	货款

人民币（大写）　贰仟元整

		十	万	千	百	十	元	角	分
				¥	2	0	0	0	0

票面	张数	十万	千	百	十	元	角	分	票面	张数	百	十	元	角	分
壹佰元	15		1	5	0	0	0	0	伍角						
伍拾元	4			2	0	0	0	0	贰角						
贰拾元									壹角						
拾元	21			2	1	0	0	0	伍分						
伍元	18				9	0	0	0	贰分						
贰元									壹分						
壹元															

中国银行金堂县支行
2017.12.18
现金收讫（1）

（收款银行盖章）

收银员　复核员

凭证 58-1/2

四川省成都市建筑安装统一发票

建设单位：成都市第一建筑公司　　　　　　　　　　　代码：5480000580549

日　　期：2017年12月18日　　　　　　　　　　　　号码：000489555

工程名称	质式结构	工程进度	进度款或结算款	金额									
				百	十	万	千	百	十	元	角	分	
仓库工程款				1	2	0	0	0	0	0	0	0	

人民币（大写）　壹佰贰拾万元整

工程款决算情况　工程进度款

收款单位发票专用章：　　　　　　财务：　　　　　　　　　　　　开票：刘进

提示：经公司董事会批准重建成品仓库，经招标，仓库由成都市第一建筑公司建筑，开出转账支票支付工程款。

凭证 58-2/2

```
        中国工商银行
        转账支票存根
         ARI45223

附加信息：_____
         _____

出票日期      2017年12月18日

收款人：成都市第一建筑公司

金　额：¥1200000.00

用　途：支付仓库工程款

备　注

单位主管：赵英武　会计：杨慧
```

凭证 59-1/1

中国银行进账单（收账通知）1

2017 年 12 月 18 日   第 8254 号

出票人	全称	四川路桥股份有限公司	收款人	全称	成都永兴建材有限责任公司
	账号	55637569611597500000		账号	4000138000445566777
	开户银行	中国银行金牛区支行		开户银行	中国银行金堂县支行

人民币（大写）	叁佰元整	千	百	十	万	千	百	十	元	角	分
								￥3	0	0	0	0

票据种类		票据张数	
票据号码			

中国银行
金堂县支行
2017.12.18
转讫
开户银行签章

单位主管   会计   复核   记账

此联收款人开户银行交给收款人的收账通知

提示：四川路桥 11 月 18 日宣告发放现金股利，于 12 月 18 日支付。

凭证 60-1/5

开具红字增值税专用发票通知单

填开日期：2017 年 12 月 19 日   No.5410008217

销售方	名称	成都永兴建材有限责任公司	购买方	名称	成都海宏有限责任公司
	税务登记代码	140128378961001		税务登记代码	42015763245136

开具红字专用发票内容	货物（劳务）名称	数量	单价	金额	税率	税额
	普通板	186	5000.00	−930000.00	17%	−158100.00
	合计	—	—	−930000.00	—	−158100.00

说明	一、购买方申请 　对应蓝字专用发票抵扣增值税销项税额情况： 　1. 已抵扣（　） 　2. 未抵扣（　） 　　（1）无法认证（　） 　　（2）纳税人识别号认证不符（　） 　　（3）增值税专用发票代码、号码认证不符（　） 　　（4）所购货物不属于增值税扣税项目范围（　） 　对应蓝字专用发票密码区内打印的代码： 　　　　　　　　　号码： 二、销售方申请 　（1）因开票有误购买方拒收的（　） 　（2）因开票有误等原因尚未交付的（　） 　对应蓝字专用发票密码区内打印的代码： 　　　　　　　　　号码： 开具红字专用发票理由：　与合同规定质量不符，销货退回。

成都市国税局直属分局章
★
业务专用章

经办人：黄丽荣   联系电话：028-85546798

凭证 60-2/5

出　库　单

发货仓库：成品仓库

提货单位：成都海宏有限责任公司　　　　2017 年 12 月 19 日　　　　　　第 A403 号

类别	编号	名称型号	单位	应发数量	实发数量	单位成本	金　额
产品	201	普通板	m³	−186	−186		
合　　计							

负责人：　　　　经发：王珂　　　　保管：杨晶　　　　填单：杨晶

凭证 60-3/5

四川省增值税专用发票

No.001785965

开票日期：2017年12月19日

购货单位	名　　称：成都海宏有限责任公司
	纳税人识别号：42015763245136
	地址、电话：成都市清江路302号87674588
	开户行及账号：工商银行青羊区支行　4206456961200000000

密码区　（略）

货物或应税劳务名称	规格型号	单位	数量	单价	金额	税率	税额
普通板	5×1220×2440	m³	−186	5000.00	−930000.00	17%	−158100.00
合　计					−930000.00	17%	−158100.00

价税合计（大写）⊗壹佰零捌万捌仟壹佰元整　　　（小写）¥1088100.00

销货单位	名　　称：成都永兴建材有限责任公司
	纳税人识别号：140128378961001
	地址、电话：成都市金堂县赵镇金堂工业园
	开户行及账号：工商银行成华区支行　352000456789000123

收款人：　　　复核：　　　开票人：杨慧　　　销货单位：（章）

凭证 60-4/5

中国工商银行
转账支票存根
ARI45224

附加信息：＿＿＿＿＿＿＿

出票日期　　2017年12月19日

收款人：成都海宏有限责任公司

金　额：¥1088100.00

用　途：退货付款

备　注

单位主管：赵英武　　会计：杨慧

凭证 60-5/5

中国工商银行进账单（回单）1

2017 年 12 月 19 日   第 8991 号

出票人	全 称	成都永兴建材有限责任公司	收款人	全 称	成都海宏有限责任公司
	账 号	352000456789000000		账 号	352000456789000123
	开户银行	工商银行成华区支行		开户银行	工商银行成华区支行

人民币（大写）	壹佰零捌万捌仟壹佰元整	千	百	十	万	千	百	十	元	角	分
		¥	1	0	8	8	1	0	0	0	0

票据种类	转账支票	票据张数	1 张
票据号码	ARI45224		

中国工商银行
成华区支行
2017.12.19
转讫
开户银行签章

单位主管　　会计　　复核　　记账

此联出票人开户银行交给出票人的回单

凭证 61-1/1

华西证券龙泉营业部交割凭单（客户联）		卖
成交日期：	2017 年 12 月 19 日	证券名称：	四川路桥
资金账号：	6565338299456800022	成交数量：	40（手）
股东代码：	2341209	成交净价：	5.36
股东名称：	成都永兴建材有限责任公司	成交金额：	21440.00
席位代码：	7089	实付佣金：	193.30
申请编号：	1000786	印花税：	0
申报时间：	15：02	过户费：	5.00
成交时间：	16：45	附加费：	0
单位利息：	0.0000000	结算价格：	5.36
成交编号：	35781938	实收金额：	21241.70
上次资金：	1200645.40	本次资金：	1221887.10
上次余股：	100 手	本次余股：	60（手）
委托来源：	IN	打印日期：	2017 年 12 月 19 日

凭证 62-1/1

中国工商银行 电汇凭证（回单）1

委托日期 2017 年 12 月 19 日 　　　　第 号

汇票人	全 称	成都永兴建材有限责任公司	收款人	全 称	吉林敦化林木种植基地
	账 号	352000456789000123		账 号	75395145685003215
	汇出地点	四川省成都市		汇入地点	吉林省敦化市
汇出行名称		工商银行成华区支行	汇入行名称		工商银行城南区支行

金额	人民币（大写）	捌佰万元整	亿	千	百	十	万	千	百	十	元	角	分
				¥	8	0	0	0	0	0	0	0	0

汇款用途：支付货款 如需加急，请在括号内注明（ ）　支付密码

附加信息及用途：

汇出行签章　　　复核：　　记账：

此联汇出行给汇款人的回单

凭证 63-1/5

债务重组协议

合同编号：2013124141

甲方：美特好家装公司

乙方：成都永兴建材有限责任公司

经美特好家装公司（以下简称甲方）与成都永兴建材有限责任公司（以下简称乙方）协商，考虑到甲方发生的财务困难，根据有关规定，就甲方逾期未清偿乙方货款壹拾万元（￥100000.00）的事项达成以下协议：

1. 甲方以壹台弗雷德卡轴旋切机抵偿该项债务，该设备原价柒万伍仟元，累计折旧陆仟元（不考虑残值），公允价值 62000 元（人民币陆万贰仟元整）。甲方应在本协议签订后 3 日内，即 2017 年 12 月 22 日前将该设备移交给乙方，乙方收到该设备后，双方的债权债务关系解除。

2. 本协议一式两份，双方各执一份，均具有同等的法律效力。

3. 违约责任：……

甲方单位：美特好家装公司
单位地址：成都市高新区建设路 88 号
法人代表：金晶
签约时间：2017 年 12 月 19 日

乙方单位：成都永兴建材有限责任公司
单位地址：成都市龙泉驿区成龙大道 3788 号
法人代表：赵英武
签约时间：2017 年 12 月 19 日

凭证 63-2/5

固定资产调拨单

调查单位：美特好家装公司

调入单位：成都永兴建材有限责任公司

资产编号	3159235	资产原值	75000.00
资产名称	卡轴旋切机	已提折旧	6000.00
启用日期	2016 年 6 月	协议价值	62000.00（公允）
调出原因	投资		

调出单位意见： 同意调出，用于投资。 负责人：钟亚	调出单位资产管理部门意见： 同意 曾艳 12月19日 调出单位财务部门意见： 同意 李嘉怡 12月19日	调入单位意见： 同意调入。 交由单板车间使用。 赵英武 12月19日

凭证 63-3/5

四川省增值税专用发票

发票联

No.13785274

开票日期：2017年12月19日

购货单位	名　称：成都永兴建材有限责任公司 纳税人识别号：140128378961001 地址、电话：成都市金堂县赵镇金堂工业园 开户行及账号：工商银行成华区支行　352000456789000123	密码区	（略）

货物或应税劳务名称	规格型号	单位	数量	单价	金额	税率	税额
旋切机	BQ	台	1	62000.00	62000.00	17%	10540.00
合　计					62000.00	17%	10540.00

价税合计（大写）	⊗ 柒万贰仟伍佰肆拾元整	（小写）￥72540.00

销货单位	名　称：美特好家装公司 纳税人识别号：9877418520500 地址、电话：成都市高新区建设路88号 开户行及账号：工商银行高新区支行　852648609632587	备注	

收款人：　　　复核：　　　开票人：周晓梅　　　销货单位：（章）

第二联 发票联 购货方记账凭证

凭证 63-4/5

四川省增值税专用发票

抵 扣 联

No.13785274

开票日期：2017年12月19日

<table>
<tr><td rowspan="4">购货单位</td><td>名　　　称：成都永兴建材有限责任公司</td><td rowspan="4">密码区</td><td rowspan="4">（略）</td></tr>
<tr><td>纳税人识别号：140128378961001</td></tr>
<tr><td>地　址、电　话：成都市金堂县赵镇金堂工业园</td></tr>
<tr><td>开户行及账号：工商银行成华区支行　352000456789000123</td></tr>
</table>

<table>
<tr><td>货物或应税劳务名称</td><td>规格型号</td><td>单位</td><td>数量</td><td>单价</td><td>金额</td><td>税率</td><td>税额</td></tr>
<tr><td>旋切机</td><td>BQ</td><td>台</td><td>1</td><td>62000.00</td><td>62000.00</td><td>17%</td><td>10540.00</td></tr>
<tr><td>合　　计</td><td></td><td></td><td></td><td></td><td>62000.00</td><td>17%</td><td>10540.00</td></tr>
</table>

价税合计（大写）⊗ 柒万贰仟伍佰肆拾元整　　　（小写）￥72540.00

<table>
<tr><td rowspan="4">销货单位</td><td>名　　　称：美特好家装公司</td><td rowspan="4">备注</td></tr>
<tr><td>纳税人识别号：9877418520500</td></tr>
<tr><td>地　址、电　话：成都市高新区建设路88号</td></tr>
<tr><td>开户行及账号：工商银行高新区支行　852648609632587</td></tr>
</table>

收款人：　　　　　复核：　　　　　开票人：周晓梅　　　销货单位：（章）

第三联　抵扣联　购货方抵扣凭证

凭证 63-5/5

固定资产验收单

2017 年 12 月 20 日

<table>
<tr><td>资产名称</td><td>规格型号</td><td>计量单位</td><td>数量</td><td>资产原值</td><td>资产净值</td><td>公允价值</td><td>备注</td></tr>
<tr><td>卡轴旋切机</td><td>BQ</td><td>台</td><td>1</td><td>75000</td><td>69000</td><td>62000</td><td>抵债</td></tr>
<tr><td></td><td></td><td></td><td></td><td></td><td></td><td></td><td></td></tr>
<tr><td rowspan="2">采购部门</td><td></td><td>负责人</td><td></td><td rowspan="2">验收部门</td><td rowspan="2">单板车间</td><td>负责人</td><td>张晓春</td></tr>
<tr><td></td><td>经办人</td><td></td><td>经办人</td><td>张晓春</td></tr>
</table>

说明：已对该笔应收账款计提 5000 元坏账准备。

凭证 64-1/1

领 料 单

发货仓库：成品仓库　　　　　　　　　　　　　　　　　　　　　第 A305 号

领料部门：成品仓库建筑工地　　　　　　　　　　　　　　　　　2017 年 12 月 20 日

类别	编号	名称型号	单位	应发数量	实发数量	单位成本	金 额
产品	202	覆膜板	m³	670	670		
合　计							

负责人：　　　　　经发：　　　　　　　保管：杨晶　　　　　　填单：

提示：为修建成品仓库领用覆膜板。

凭证 65-1/1

四川金华乳业有限公司

2017 年前三季度权益分派实施公告

　　本公司及董事会全体成员保证信息披露的内容真实、准确、完整、没有虚假记载、误导性陈述或重大遗漏。

　　四川金华乳业有限公司(以下简称公司)2017 年前三季度权益分派方案已获 2017 年 11 月 10 日召开的 2017 年第三季度股东会审议通过，现将权益分派事宜公告如下。

一、权益分派方案

　　公司 2017 年前三季度权益分派方案为：以公司现有注册资本 5000000 元为基数，向全体股东派发 500000 元人民币现金。

二、权益分派对象

　　本次分派对象为：截至 2017 年 12 月 18 日登记在册的全体股东。

三、权益分派方法

　　公司此次委托成都银行代发的现金红利将于 2018 年 1 月 5 日直接划入其资金账户。

四、咨询机构

　　咨询地址：四川省成都市高新区高朋大道 158/ 号，投资管理部

　　咨询联系人：杨勇、程孝利

　　咨询电话：028-65957620

　　传真电话：028-65957621

特此公告

四川金华乳业有限公司
董事会章
2017 年 12 月 20 日

凭证 66-1/4

四川省增值税专用发票

发 票 联

No.11234274

开票日期：2017年12月19日

购货单位	名　　　称：成都永兴建材有限责任公司 纳税人识别号：140128378961001 地　址、电话：成都市金堂县赵镇金堂工业园 开户行及账号：工商银行成华区支行　352000456789000123			密码区	（略）		
货物或应税劳务名称	规格型号	单位	数量	单价	金额	税率	税额
热胶合机技术					600000.00	6%	36000.00
合　计					600000.00	17%	36000.00
价税合计（大写）　⊗ 陆拾叁万陆仟元整					（小写）￥636000.00		
销货单位	名　　　称：成都第一物理研究所 纳税人识别号：987745824617 地　址、电话：成都市高新区建页路123号 开户行及账号：工商银行高新区支行　852648609000587			备注	成都第一物理研究所 发票专用章		

收款人：　　　　复核：　　　　开票人：周里娅　　　　销货单位：（章）

第二联 发票联 购货方记账凭证

凭证 66-2/4

四川省增值税专用发票

抵 扣 联

No.11234274

开票日期：2017年12月19日

购货单位	名　　　称：成都永兴建材有限责任公司 纳税人识别号：140128378961001 地　址、电话：成都市金堂县赵镇金堂工业园 开户行及账号：工商银行成华区支行　352000456789000123			密码区	（略）		
货物或应税劳务名称	规格型号	单位	数量	单价	金额	税率	税额
热胶合机技术					600000.00	6%	36000.00
合　计					600000.00	17%	36000.00
价税合计（大写）　⊗ 陆拾叁万陆仟元整					（小写）￥636000.00		
销货单位	名　　　称：成都第一物理研究所 纳税人识别号：987745824617 地　址、电话：成都市高新区建页路123号 开户行及账号：工商银行高新区支行　852648609000587			备注	成都第一物理研究所 发票专用章		

收款人：　　　　复核：　　　　开票人：周里娅　　　　销货单位：（章）

第三联 抵扣联 购货方抵扣凭证

凭证 66-3/4

中国工商银行
转账支票存根
ARI45225

附加信息：_____

出票日期	2017年12月20日
收款人：成都第一物理研究所	
金　额：￥636000.00	
用　途：支付专利技术款	
备　注	
单位主管：赵英武　　会计：杨慧	

凭证 66-4/4

无形资产验收单

2017 年 12 月 20 日　　　　　　　　　　　　　第 1 号

名称	规格型号	单位	数量	设备价款	预计使用年限	使用部门
热胶合机技术		箱	1	￥600000.00	5	胶合车间
合　计						
备注	预计净残值0，按直线法摊销					

部门主管：赵英武　　　　　　　　制单：杨慧

第三联 财务记账

凭证 67-1/3

费用报销单

报销部门：运输部　　　　　2017 年 12 月 20 日　　　　单据及附件共 2 页

用　途	金额（元）	备注	
高速公路过路费	516		
		领导审批	情况属实，同意报销
合　计	516		

现金付讫

赵英武

背后可贴单据

合计人民币	（大写）零拾零万零仟伍佰壹拾陆元零角	原借款：0 元	应退余款：　元

会计主管：苏科峰　　　复核：　　　出纳：杨花　　　报销人：　　　领款人：李杨

凭证 67-2/3

重庆高速公路建设开发总公司机打发票

发 票 联

发票代码 251001171086

发票号码 02559781

验证码 62023447

入口站：成都东　时间：2017.12.18 12:05

出口站：重庆北　时间：2017.12.18 15:54

车　类：1　　　总重T：

通行费￥：258　工号：926

金额大写：贰佰伍拾捌元整

当次有效　　报销凭证

凭证 67-3/3

四川高速公路建设开发总公司机打发票

发 票 联

发票代码 251008794560

发票号码 07412589

验证码 62456321

入口站：重庆北　时间：2017.12.19 07:25

出口站：成都东　时间：2017.12.19 11:54

车　类：1　　　总重T：

通行费￥：258　工号：745

金额大写：贰佰伍拾捌元整

当次有效　　报销凭证

凭证 68-1/1

中国工商银行电汇凭证(收账通知或取款收据)4　　第　号

委托日期 2017 年 12 月 21 日　　　　应解汇款编号

汇票人	全　称	滨江物资公司	收款人	全　称	成都永兴建材有限责任公司
	账　号	7005434513212546879		账　号	352000456789000123
	汇出地点	四川省内江市		汇入地点	四川省成都市
汇出行名称		工商银行滨江区支行	汇入行名称		工商银行成华区支行

金额	人民币(大写)	贰拾万元整	亿	千	百	十	万	千	百	十	元	角	分
					￥2	0	0	0	0	0	0	0	0

汇款用途：付货款 如需加急，请在括号内注明( )　支付密码

附加信息及用途：

业务专用章　　汇出行签章　　　　复核：　　记账：

此联给收款人收账通知或代取款收据

凭证 69-1/3

四川省成都市农产品收购发票

抵 扣 联

开票日期：2017年12月21日

发票代码：246158101547
发票号码：00061256

销货人	庄国立		身份证号码				510134195309051000									
详细地址	德阳市广汉市三星镇幸福村55号															

品 名	等级	单位	数 量			单价	金 额									
			毛重	折扣	净重		千	百	十	万	千	百	十	元	角	分
松木原木		m³	500		500	21		1	0	5	0	0	0	0	0	0
合计人民币（大写）	人民币壹万零伍佰元整							¥	1	0	5	0	0	0	0	0
收购单位名称	成都永兴建材有限责任公司		纳税人登记证号		140128378961001											
地 址 电 话	成都市龙泉驿区成龙大道3768号		开户银行及账号		中国银行龙泉驿支行4000138000445566777											

第三联 税务抵扣联

收购单位（盖章有效） 开票人：杨慧 销货人签字：庄国立

凭证 69-2/3

四川省成都市农产品收购发票

记 账 联

开票日期：2017年12月21日

发票代码：246158101547
发票号码：00061256

销货人	庄国立		身份证号码				510134195309051000									
详细地址	德阳市广汉市三星镇幸福村55号															

品 名	等级	单位	数 量			单价	金 额									
			毛重	折扣	净重		千	百	十	万	千	百	十	元	角	分
松木原木		m³	500		500	21		1	0	5	0	0	0	0	0	0
合计人民币（大写）	人民币壹万零伍佰元整							¥	1	0	5	0	0	0	0	0
收购单位名称	成都永兴建材有限责任公司		纳税人登记证号		140128378961001											
地 址 电 话	成都市龙泉驿区成龙大道3768号		开户银行及账号		中国银行龙泉驿支行4000138000445566777											

第四联 记账联

收购单位（盖章有效） 开票人：杨慧 销货人签字：庄国立

凭证 69-3/3

中国银行
转账支票存根

支票号码 332245225

科　　目 _____

对方科目 _____

签发日期　　2017年12月21日

| 收款人：庄国立 |
| 金　额：￥10500.00 |
| 用　途：支付货款 |
| 备　注 |
| 单位主管：赵英武　会计：杨慧 |

备注：该批松木用于加工大号包装箱，已经直接发往新都新意木加工厂。

凭证 70-1/2

中国电信成都分公司结算凭证

发票代码：142010662085
发票号码：18754546

开票日期：2017年12月21日

付款人	全　称	成都永兴建材有限责任公司		收款人	全　称										
	账　号	4000138000445560000			账　号										
	开户银行	中国银行	行号		开户银行										
收费金额 人民币(大写)		叁仟陆佰叁拾贰元叁角陆分					十万	千	百	十	元	角	分		
								￥	3	6	3	2	3	6
款项性质	2017年11月电信业务费用		合同号码	37762620			附寄单证张数	一张						
备注：业务号码：84675369														
固话月租费25.00　　市话费　　3600.52　　功能使用费　　6.00　　上期余额 -0.84														
				实收款：3632.00　　本期余额　0.48										

单位主管：　　会计：　　复核：　　记账：　　（收款单位盖发票专用章有效）

凭证 70-2/2

中国银行
转账支票存根

支票号码 332245226

科　　目 _____

对方科目 _____

签发日期　　　2017年12月21日

| 收款人：电信公司 |
| 金　额：￥3632.00 |
| 用　途：支付电话费 |
| 备　注 |
| 单位主管：赵英武　会计：杨慧 |

凭证 71-1/2

四川省成都市国家税务局通用机打发票
四川省
发　票　联

发票代码 151011535002
发票号码 16441684
购货方名称：成都永兴建材有限责任公司

购方税号：00000000000000

发票代码　151011535002
发票号码　16441684
机器编号　661608959451
开票日期　2017-12-15　　收款员：

销货方名称：成都蒲记黑牛餐饮管理有限公司

销方税号：91510107MA61UL7712

| 项目 | 含税单价 | 数量 | 含税金额 |
| 餐费 | 2100.00 | 1.00 | 2100.00 |

合计金额：￥2038.83　财务专用章
合计税额：￥61.17
价税合计小写：￥2100.00
价税合计大写：贰仟壹佰元整
校验码：71178783713027687850

凭证 71-2/2

费用报销单

报销部门：行政部　　　2017 年 12 月 22 日　　　单据及附件共 5 页

用　途	金额（元）	备注	
业务招待费	2100		
		领导审批	情况属实，同意报销 赵英武
	现金付讫		
合　计	2100		

合计人民币　（大写）零拾零万贰仟壹佰零拾零元零角　　原借款：0 元　　应退余款：　元

会计主管：苏科峰　　复核：　　出纳：杨花　　报销人：　　领款人：李杨

背后可贴单据

凭证 72-1/2

产成品入库单

收料部门：成品仓库　　　　　　　　　2017 年 12 月 22 日　　　　　　　　　专字　第 B402 号

种类	编号	名　称	数量	单位	单价	成 本 总 额									
						千	百	十	万	千	百	十	元	角	分
产成品	201	普通板	528	m³											
产成品	202	覆膜板	335	m³											
备注															

负责人：李建平　　　　　记账：边小红　　　　　验收：杨晶　　　　　填单：杨晶

凭证 72-2/2

半成品入库单

收料部门：单板仓库　　　　　　　　　2017 年 12 月 22 日　　　　　　　　　专字　第 B303 号

种类	编号	名　称	数量	单位	单价	成 本 总 额									
						千	百	十	万	千	百	十	元	角	分
半成品	101	柳桉单板	700	m³											
半成品	102	杨木单板	350	m³											
备注															

负责人：张晓春　　　　　记账：边小红　　　　　验收：张友佳　　　　　填单：刘为

凭证 73-1/2

四川省行政事业性收费统一发票

收费日期：2017年12月22日　　　　　　　　发票号码：8479542

交费单位或个人	成都永兴建材有限责任公司		收费许可证字号	85
收费项目	收费标准	金　额		备注
		万 千 百 十 元 角 分		
财务人员培训	800	8 0 0 0 0		
合　　计		¥ 8 0 0 0 0		
人民币合计：（大写）	零万零仟捌佰零拾零元零角零分			

收费单位（公章）　　　　　　　负责人：　　　　　　　开票人：周文

凭证 73-2/2

费用报销单

报销部门：财务部　　　　　　2017 年 12 月 22 日　　　　　　单据及附件共 1 页

用　途	金额（元）	备注	
会计人员培训费	800		
		领导 审批	情况属实，同意报销 赵英武
合　计	800		
合计 人民币	（大写）零拾零万零仟捌佰零拾零元零角	原借款：0 元	应退余款：　元

现金付讫

会计主管：苏科峰　　复核：　　出纳：杨花　　报销人：　　领款人：杨慧

背后可贴单据

凭证 74-1/1

收 款 收 据

2017 年 12 月 23 日　　　　　　　　　　　　　　　编号：154799

领款人（单位）	王伟								
摘要	"11·14"事件责任事故罚款								
金额（大写）	人民币壹仟零佰零拾零元零角	万	千	百	十	元	角	分
		¥	1	0	0	0	0	0

现金收讫

主管：苏科峰　　　　　会计：杨慧　　　　　出纳：杨花

凭证 75-1/1

中 国 银 行
邮电费、手续费、空白凭证收费单

总字第　号
字　第　号

单位名称：成都永兴建材有限责任公司　　账号 4000138000445560000　　2017 年 12 月 23 日

收 取 费 用				购 买 凭 证					
项目	类别	金额		名称及号码	数量	金额			
托收承付及委托收款	邮电划 笔			现金支票	1		7	5	0
汇兑	邮电划 笔			转账支票	1		7	5	0
同城托收承付	笔			进账单	3		4	5	0
同城 托收无承付	笔								
人民币（大写）：壹拾玖元伍角整									
付款单位　签章 （经手人）				收款银行盖章					

中国银行
金堂县支行
2017.12.23
转

此联由银行加盖公章后退回单位

凭证 76-1/1

华西证券龙泉营业部交割凭单(客户联)		买
成交日期：	2017 年 12 月 24 日	证券名称：	四川长虹
资金账号：	6565338299456800022	成交数量：	3000(手)
股东代码：	2341209	成交净价：	3.16
股东名称：	成都永兴建材有限责任公司	成交金额：	948000.00
席位代码：	7089	实付佣金：	274.30
申请编号：	1000796	印花税：	0
申报时间：	09：02	过户费：	5.00
成交时间：	10：45	附加费：	0
单位利息：	0.0000000	结算价格：	3.16
成交编号：	35781938	实付金额：	948279.30
上次资金：	1221887.10	本次资金：	273607.80
上次余股：	0	本次余股：	3000(手)
委托来源：	IN	打印日期：	2017 年 12 月 24 日

凭证 77-1/5

公告编号：临 2017-057

成都永兴建材有限责任公司通知

为迎接新春佳节，本公司将外购一批大米，每位员工发放一袋，作为新春福利。

成都永兴建材有限责任公司后勤部

2017 年 12 月 24 日

凭证 77-2/5

四川省成都市国家税务局通用机打发票

发 票 联

发票代码 151011356003

发票号码 13437069

成都京东世纪贸易有限公司

购货方名称：成都永兴建材有限责任公司

开票日期：2017年12月24日　开票人：杨霞

商品名称：于老大汉中香米（10000克/袋）

保质期：365

数　量：152（袋）

单　价：58.00

金　额：8816.00

小写合计：8816.00

大写合计：捌仟捌佰壹拾陆元整

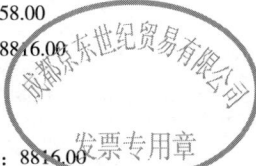

凭证 77-3/5

中国工商银行
转账支票存根
ARI45226

附加信息：_____

_____

出票日期　　　2017年12月24日

收款人：成都京东世纪贸易有限公司

金　　额：￥8816.00

用　　途：支付货款

备　　注

单位主管：赵英武　会计：杨慧

凭证 77-4/5

职工非货币性福利统计表

2017 年 12 月 24 日

部门 \ 项目	职　务	人　数	数量/袋	单价/元	总价/元
单板车间	生产工人	29	29	58.00	1682.00
	管理人员	1	1	58.00	58.00
胶合车间	生产工人	31	31	58.00	1798.00
	管理人员	1	1	58.00	58.00
蒸汽车间		10	10	58.00	580.00
调胶车间		7	7	58.00	406.00
运输部		8	8	58.00	464.00
采供部		8	8	58.00	464.00
营销部		12	12	58.00	696.00
行政部		8	8	58.00	464.00
人力资源部		7	7	58.00	406.00
财务部		5	5	58.00	290.00
后勤部		20	20	58.00	1160.00
其他		5	5	58.00	290.00
合计		152	152		8816.00

凭证 77-5/5

外购非货币性福利分配表

2017 年 12 月 24 日

应借科目　　　　　　　　　　项　目			生产工时	分　配　率	分　配　金　额
生产成本	基本生产成本	柳桉单板			
		杨木单板			
		小计			
		普通板			
		覆膜板			
		小计			
	辅助生产成本	蒸汽车间			
		调胶车间			
		运输部			
制造费用	单板车间				
	胶合车间				
	小计				
管理费用					
销售费用					
应付职工薪酬——职工福利费					
合　计					

凭证 78-1/2

退 料 单

编　　　号：c101
收料仓库：原木仓库

退料部门：单板车间　　　　　　　2017 年 12 月 24 日　　　　　　发票号码：2007001

编号	书名	规格	数量	单位	单价	成 本 总 额									
						千	百	十	万	千	百	十	元	角	分
C01	断尾材		150	m³											

第三联 财务记账

负责人：孙立　　　　　记账：边小红　　　　　验收：张华　　　　　保管员：陈如龙

凭证 78-2/2

退 料 单

编　　号：c102
收料仓库：原木仓库
退料部门：胶合车间　　　　　　2017 年 12 月 24 日　　　发票号码：2007002

编号	名称	规格	数量	单位	单价	成 本 总 额									
------	------	------	------	------	------	千	百	十	万	千	百	十	元	角	分
C02	废单板		30	m³											

负责人：孙立　　　记账：边小红　　　验收：张华　　　保管员：陈如龙

第三联　财务记账

凭证 79-1/3

四川省增值税专用发票

发 票 联

No.13781123
开票日期：2017年12月25日

购货单位	名　称：成都永兴建材有限责任公司 纳税人识别号：140128378961001 地址、电话：成都市金堂县赵镇金堂工业园 开户行及账号：工商银行成华区支行　352000456789000123	密码区	（略）

货物或应税劳务名称	规格型号	单位	数量	单价	金额	税率	税额
包装箱加工费		个	250	21.50	5375.00	17%	913.75
合　计					5375.00	17%	913.75

价税合计（大写）　⊗陆仟贰佰捌拾捌元柒角伍分　　（小写）￥6288.75

销货单位	名　称：新都新意木加工厂 纳税人识别号：8794418520523 地址、电话：成都市新都区新新路188号 开户行及账号：工商银行新都区支行　852648674185296	备注	

收款人：　　　复核：　　　开票人：田园　　　销货单位：（章）

第二联　发票联　购货方记账凭证

凭证 79-2/3

四川省增值税专用发票

抵 扣 联

No.13781123

开票日期：2017年12月25日

购货单位	名 称：成都永兴建材有限责任公司 纳税人识别号：140128378961001 地址、电话：成都市金堂县赵镇金堂工业园 开户行及账号：工商银行成华区支行 352000456789000123	密码区	（略）

货物或应税劳务名称	规格型号	单位	数量	单价	金额	税率	税额
包装箱加工费		个	250	21.50	5375.00	17%	913.75
合 计					5375.00	17%	913.75

价税合计（大写）	⊗陆仟贰佰捌拾捌元柒角伍分	（小写）￥6288.75

销货单位	名 称：新都新意木加工厂 纳税人识别号：8794418520523 地址、电话：成都市新都区新新路188号 开户行及账号：工商银行新都区支行 852648674185296	备注	新都新意木加工厂 发票专用章

收款人： 复核： 开票人：田园 销货单位：（章）

第三联 抵扣联 购货方抵扣凭证

凭证 79-3/3

中国工商银行
转账支票存根
ARI45227

附加信息：＿＿＿＿＿·＿＿＿＿＿
＿＿＿＿＿＿＿＿＿＿＿＿＿＿＿

出票日期	2017年12月24日
收款人：新都新意木加工厂	
金 额：￥6288.75	
用 途：支付加工费	
备 注	
单位主管：赵英武 会计：杨慧	

凭证 80-1/4

四川省增值税专用发票

发 票 联
四川省
国家税务局监制

No.04838848
开票日期：2017年12月25日

购货单位	名　　　　称：成都永兴建材有限责任公司 纳税人识别号：140128378961001 地 址、电 话：成都市金堂县赵镇金堂工业园 开户行及账号：工商银行成华区支行　352000456789000123	密码区	（略）

货物或应税劳务名称	规格型号	单位	数量	单价	金额	税率	税额
天然气		立方米	263	3.2381	851.62	13%	110.71
合　计					851.62	13%	110.71

价税合计（大写）	⊗ 玖佰陆拾贰元叁角叁分	（小写）￥962.33

销货单位	名　　　　称：成都市金堂县天然气公司 纳税人识别号：420563426735637 地 址、电 话：成都市金堂县公园路88号 开户行及账号：工商银行金堂县支行　42045276341000	备注	成都市金堂县天然气公司 发票专用章

收款人：　　　　　复核：　　　　　开票人：刘叶　　　　　销货单位：（章）

第二联 发票联 购货方记账凭证

凭证 80-2/4

四川省增值税专用发票

抵 扣 联
四川省
国家税务局监制

No.04838848
开票日期：2017年12月25日

购货单位	名　　　　称：成都永兴建材有限责任公司 纳税人识别号：140128378961001 地 址、电 话：成都市金堂县赵镇金堂工业园 开户行及账号：工商银行成华区支行　352000456789000123	密码区	（略）

货物或应税劳务名称	规格型号	单位	数量	单价	金额	税率	税额
天然气		立方米	263	3.2381	851.62	13%	110.71
合　计					851.62	13%	110.71

价税合计（大写）	⊗ 玖佰陆拾贰元叁角叁分	（小写）￥962.33

销货单位	名　　　　称：成都市金堂县天然气公司 纳税人识别号：420563426735637 地 址、电 话：成都市金堂县公园路88号 开户行及账号：工商银行金堂县支行　42045276341000	备注	成都市金堂县天然气公司 发票专用章

收款人：　　　　　复核：　　　　　开票人：刘叶　　　　　销货单位：（章）

第三联 抵扣联 购货方抵扣凭证

凭证 80-3/4

天然气耗用统计表

2017 年 12 月 25 日

部 门	耗用数量/立方米	单价/元	金额/元	用 途
职工食堂	263	3.2381	851.62	
合 计	263		851.62	

统计部门：后勤部

凭证 80-4/4

中国工商银行
转账支票存根
ARI45228

附加信息：＿＿＿＿＿＿＿＿＿＿＿

签发日期	2017年12月25日
收款人：成都市金堂县天然气公司	
金 额：￥962.33	
用 途：支付天然气费	
备 注	
单位主管：赵英武 会计：杨慧	

凭证 81-1/5

四川省增值税专用发票

No.04832251

开票日期：2017年12月26日

购货单位	名 称：成都永兴建材有限责任公司 纳税人识别号：140128378961001 地 址、电话：成都市金堂县赵镇金堂工业园 开户行及账号：工商银行成华区支行 352000456789000123		密码区	（略）		
货物或应税劳务名称	规格型号	单位	数量	单价	金额	税率	税额

货物或应税劳务名称	规格型号	单位	数量	单价	金额	税率	税额
自来水		吨	1196	4.3	5142.80	6%	308.57
合 计					5142.80	6%	308.57
价税合计（大写）	⊗伍仟肆佰伍拾壹元叁角柒分			（小写）￥5451.37			

销货单位	名 称：成都市金堂县自来水公司 纳税人识别号：420563426735688 地 址、电话：成都市金堂县东街219号 开户行及账号：工商银行金堂县支行 42045275641238	备注	成都市金堂县自来水公司 发票专用章

收款人： 复核： 开票人：张文浩 销货单位：（章）

凭证 81-2/5

四川省增值税专用发票

抵 扣 联

No.04832251

开票日期：2017年12月26日

购货单位	名　　　称：成都永兴建材有限责任公司				密码区	（略）		
	纳税人识别号：140128378961001							
	地址、电话：成都市金堂县赵镇金堂工业园							
	开户行及账号：工商银行成华区支行　352000456789000123							
货物或应税劳务名称	规格型号	单位	数量	单价	金额	税率	税额
自来水		吨	1196	4.3	5142.80	6%	308.57
合　　计					5142.80	6%	308.57
价税合计（大写）　⊗伍仟肆佰伍拾壹元叁角柒分				（小写）￥5451.37			
销货单位	名　　　称：成都市金堂县自来水公司				备注			
	纳税人识别号：420563426735688							
	地址、电话：成都市金堂县东街219号							
	开户行及账号：工商银行金堂县支行　42045275641238							

收款人：　　　　　复核：　　　　　开票人：张文浩　　　　　销货单位：（章）

凭证 81-3/5

自来水耗用统计表

2017 年 12 月 26 日

耗用部门		耗用数量/吨	单价/元	金额/元
单板车间	生产用	469	4.3	2016.7
	管理用	31	4.3	133.3
	小计	500	4.3	2150
胶合车间	生产用	358	4.3	1539.4
	管理用	17	4.3	73.1
	小计	375	4.3	1612.5
管理部门		15	4.3	64.5
销售部门		3	4.3	12.9
蒸汽车间		105	4.3	451.5
运输部		5	4.3	21.5
调胶车间		145	4.3	623.5
职工食堂		40	4.3	172
仓库改建工程		8	4.3	34.4
合　　计		1196	4.3	5142.8

统计部门：后勤部

凭证81-4/5

中国工商银行
转账支票存根
ARI45229

附加信息：_____

_____

签发日期　　　2017年12月26日

| 收款人：成都市金堂县自来水公司 |
| 金　　额：￥5451.37 |
| 用　　途：支付自来水费 |
| 备　　注 |
| 单位主管：赵英武　　会计：杨慧 |

凭证81-5/5

自来水费用分配表

2017 年 12 月 26 日

借方科目		生产工时	分　配　率	分配金额
生产成本—— 基本生产成本	柳桉单板			
	杨木单板			
	小计			
	普通板			
	覆膜板			
	小计			
生产成本—— 辅助生产成本	蒸汽车间			
	运输部			
	调胶车间			
	小计			
管理费用				
销售费用				
制造费用	单板车间			
	胶合车间			
	小计			
应付职工薪酬——职工福利费				
在建工程				
合　　计				

制表：杨慧

凭证 82-1/3

出 库 单

发货仓库：成品仓库

提货单位：滨河贸易公司

第 A405 号

2017 年 12 月 26 日

类别	编号	名称型号	单位	应发数量	实发数量	单位成本	金 额
产品	201	普通板	m³	1116	1116		
	合 计						

负责人：　　　　　经发：曾历　　　　　保管：杨晶　　　　　填单：杨晶

第三联　财务记账

凭证 82-2/3

四川省增值税专用发票

记 账 联

No.65897421

开票日期：2017 年 12 月 26 日

购货单位	名　　称：滨江贸易公司 纳税人识别号：2401283789612241 地址、电话：内江市沱江路154号 开户行及账号：工商银行滨江区支行 70054345132212546879				密码区	（略）		
货物或应税劳务名称	规格型号	单位	数量	单价	金额	税率	税额
普通板		m³	1116	5600	6249600.00	17%	1062432.00
合　计					6249600.00	17%	1062432.00
价税合计（大写）	⊗柒佰叁拾壹万贰仟零叁拾贰元整			（小写）￥7312032.00			
销货单位	名　　称：成都永兴建材有限责任公司 纳税人识别号：140128378961001 地址、电话：成都市金堂县赵镇金堂工业园 开户行及账号：工商银行成华区支行 352000456789000123				备注	成都永兴建材有限责任公司 发票专用章		

收款人：　　　　复核：　　　　开票人：杨慧　　　　销货单位：（章）

第四联　记账联　销货方记账凭证

凭证 82-3/3

中国工商银行　电汇凭证(收账通知或取款收据)4　　第　号

委托日期 2017 年 12 月 26 日　　　　　应解汇款编号

汇票人	全　称	滨江贸易公司	收款人	全　称	成都永兴建材有限责任公司
	账　号	7005434513212546879		账　号	352000456789000123
	汇出地点	四川省内江市		汇入地点	四川省成都市
汇出行名称		工商银行滨江区支行	汇入行名称		工商银行成华区支行

金额	人民币(大写)	柒佰壹拾壹万贰仟零叁拾贰元整	亿	千	百	十	万	千	百	十	元	角	分
				¥	7	1	1	2	0	3	2	0	0

汇款用途：付货款 如需加急，请在括号内注明(　)　支付密码

附加信息及用途：

复核：　　　记账：

汇出行签章

此联给收款人收账通知或代取款收据

凭证 83-1/1

收　料　单

材料科目：周转材料　　　　　　　　　　编　　号：B208
材料类别：包装物　　　　　　　　　　　收料仓库：物料仓库
供应单位：　　　　　　2017 年 12 月 27 日　　发票号码：

种类	编号	名称	规格	数量	单位	单价	成本总额									
							千	百	十	万	千	百	十	元	角	分
材料	D10	大号包装箱		250	个											

备注：收回委托新都新意木加工厂加工的大号包装箱。

负责人：孙立　　　记账：边小红　　　验收：张华　　　保管员：陈如龙

凭证 84-1/2

四川省服务业发票

发票代码：24201067171
发票号码：01192577
开票日期 2017年12月27日

付款单位（个人）成都永兴建材有限责任公司

经营项目	单位	数量	单价	金 额							
				十万	千	百	十	元	角	分	
招聘广告					4	6	0	0	0	0	

第二联 发票联

人民币（大写） ⊗肆仟陆佰零拾零元零角零分

收款单位（盖发票专用章有效） 开票人：周凯莉

凭证 84-2/2

中国工商银行
转账支票存根
ARI45230

附加信息：＿＿＿＿＿＿＿＿＿

签发日期 2017年12月27日

收款人：北京五八信息技术有限公司
金 额： ￥4600.00
用 途：支付招聘广告费
备 注
单位主管：赵英武 会计：杨慧

凭证 85-1/5

四川省增值税专用发票

发票联

No.04834571

开票日期：2017年12月27日

购货单位	名　　称：成都永兴建材有限责任公司 纳税人识别号：140128378961001 地址、电话：成都市金堂县赵镇金堂工业园 开户行及账号：工商银行成华区支行　352000456789000123				密码区	（略）		
货物或应税劳务名称	规格型号	单位	数量	单价	金额	税率	税额
电力		度	66078	0.64	42,289.92	17%	7189.29
合　计					42,289.92	17%	7189.29
价税合计（大写）　⊗ 肆万玖仟肆佰柒拾玖元贰角壹分　　　　（小写）￥49479.21							
销货单位	名　　称：成都市金堂县电力公司 纳税人识别号：420563420001458 地址、电话：成都市金堂县区龙都南路34号 开户行及账号：工商银行金堂县支行　42045200012341				备注	成都市金堂县电力公司 发票专用章		

收款人：　　　　　复核：　　　　　开票人：祝标　　　　　销货单位：（章）

凭证 85-2/5

四川省增值税专用发票

抵扣联

No.04834571

开票日期：2017年12月27日

购货单位	名　　称：成都永兴建材有限责任公司 纳税人识别号：140128378961001 地址、电话：成都市金堂县赵镇金堂工业园 开户行及账号：工商银行成华区支行　352000456789000123				密码区	（略）		
货物或应税劳务名称	规格型号	单位	数量	单价	金额	税率	税额
电力		度	66078	0.64	42,289.92	17%	7189.29
合　计					42,289.92	17%	7189.29
价税合计（大写）　⊗ 肆万玖仟肆佰柒拾玖元贰角壹分　　　　（小写）￥49479.21							
销货单位	名　　称：成都市金堂县电力公司 纳税人识别号：420563420001458 地址、电话：成都市金堂县区龙都南路34号 开户行及账号：工商银行金堂县支行　42045200012341				备注	成都市金堂县电力公司 发票专用章		

收款人：　　　　　复核：　　　　　开票人：祝标　　　　　销货单位：（章）

凭证 85-3/5

电力耗用统计表

2017 年 12 月 26 日

耗 用 部 门		耗用数量/度	单价/元	金额/元
单板车间	生产用	21500	0.64	13760
	管理用	100	0.64	64
	小计	21600	0.64	13824
胶合车间	生产用	20410	0.64	13062.4
	管理用	90	0.64	57.6
	小计	20500	0.64	13120
管理部门		985	0.64	630.4
销售部门		236	0.64	151.04
蒸汽车间		10560	0.64	6758.4
运输部		356	0.64	227.84
调胶车间		10785	0.64	6902.4
职工食堂		860	0.64	550.4
仓库改建工程		196	0.64	125.44
合　　计		66078	0.64	42289.92

统计部门：后勤部

凭证 85-4/5

中国工商银行
转账支票存根
ARI45231

附加信息：＿＿＿＿＿＿＿＿＿＿＿＿

签发日期　　　2017年12月27日

收款人：金堂县电力公司
金　额：￥49479.21
用　途：支付电费
备　注

单位主管：赵英武　会计：杨慧

凭证 85-5/5

电费分配表

2017 年 12 月 27 日

借方科目		生产工时	分配率	分配金额
生产成本——基本生产成本	柳桉单板			
	杨木单板			
	小计			
	普通板			
	覆膜板			
	小计			
生产成本——辅助生产成本	蒸汽车间			
	运输部			
	调胶车间			
	小计			
管理费用				
销售费用				
制造费用	单板车间			
	胶合车间			
	小计			
应付职工薪酬——职工福利费				
在建工程				
合　计				

制表：杨慧

凭证 86-1/4

四川省增值税专用发票

No.04834554

开票日期：2017年12月28日

购货单位	名　　称：成都永兴建材有限责任公司	密码区	（略）
	纳税人识别号：140128378961001		
	地址、电话：成都市金堂县赵镇金堂工业园		
	开户行及账号：工商银行成华区支行　352000456789000123		

货物或应税劳务名称	规格型号	单位	数量	单价	金额	税率	税额
展台装修费					6800.00	11%	748.00
合　计					6800.00	11%	748.00

价税合计（大写）	⊗ 柒仟伍佰肆拾捌元整	（小写）￥7548.00

销货单位	名　　称：成都市易峰装饰工程公司	备注	成都市易峰装饰工程公司 发票专用章
	纳税人识别号：420563420001458		
	地址、电话：成都市金堂县金河南路34号		
	开户行及账号：工商银行金堂县支行　420452000145821		

收款人：　　　　复核：　　　　开票人：张小龙　　　　销货单位：（章）

第二联　发票联　购货方记账凭证

凭证 86-2/4

四川省增值税专用发票

抵扣联

No.04834554

开票日期：2017年12月28日

购货单位	名　　　称：成都永兴建材有限责任公司					密码区	（略）		
	纳税人识别号：140128378961001								
	地　址、电话：成都市金堂镇赵镇金堂工业园								
	开户行及账号：工商银行成华区支行　352000456789000123								
货物或应税劳务名称	规格型号	单位	数量	单价		金额	税率	税额	
展台装修费						6800.00	11%	748.00	
合　　　计						6800.00	11%	748.00	
价税合计（大写）	⊗柒仟伍佰肆拾捌元整				（小写）￥7548.00				
销货单位	名　　　称：成都市易峰装饰工程公司					备注			
	纳税人识别号：420563420001458								
	地　址、电话：成都市金堂县金河南路34号								
	开户行及账号：工商银行金堂县支行　420452000145821								

收款人：　　　　复核：　　　　开票人：张小龙　　　　销货单位：（章）

凭证 86-3/4

费用报销单

报销部门：营销部　　　　　　　2017 年 12 月 28 日　　　　　　　单据及附件共 2 页

用　途	金额/元	备注	
展台装修费	7548.00		
		领导审批	情况属实，同意报销
			赵英武
合　　　计	￥7548.00		
合计人民币	（大写）零拾零万柒仟伍佰肆拾捌元	原借款：0 元	应退余款：　　元

会计主管：苏科峰　　　复核：　　　出纳：杨花　　　报销人：　　　领款人：刘东科

凭证 86-4/4

中国工商银行
转账支票存根
ARI45232

附加信息：_____

_____

签发日期　　　2017年12月28日

| 收款人：成都市易峰装饰工程公司 |
| 金　　额：￥7548.00 |
| 用　　途：支付展台装修费 |
| 备　　注 |
| 单位主管：赵英武　会计：杨慧 |

凭证 87-1/1

中国工商银行存款利息凭证

2017 年 12 月 31 日

收款单位	账　号	352000456789000000	付款单位	账　号	3205623712345660000	此联出票人开户银行交给出票人的回单
	户　名	成都永兴建材有限责任公司		户　名	工商银行成华区支行	
	开户银行	工商银行成华区支行		开户银行	工商银行成华区支行营业部	

积数：		利率：0.44%	利息：30265.59
中国工商银行 成华区支行 2017.12.31 转讫 _____户第 4 季度利息		科　　目 _____ 对方科目 _____	
		复核员：	记账员：张明

凭证 88-1/1

中国工商银行存款利息凭证

2017 年 12 月 31 日

收款单位	账 号	4000138000445560000	付款单位	账 号	600062746545782100
	户 名	成都永兴建材有限责任公司		户 名	中国银行金堂县支行
	开户银行	中国银行金堂县支行		开户银行	工商银行金堂县支行营业部

积数：	利率：0.44%	利息：27267.41

中国工商银行
金堂县支行
2017.12.31
转记
_____户第 4 季度利息

科　目_____
对方科目_____

复核员：　　　　　　　记账员：吴双永

此联出票人开户银行交给出票人的回单

凭证 89-1/1

成都银行存款利息凭证

2017 年 12 月 31 日

收款单位	账 号	6565338299456800000	付款单位	账 号	60558774654577984
	户 名	成都永兴建材有限责任公司		户 名	成都银行金堂县支行
	开户银行	成都银行金堂县支行		开户银行	成都银行金堂县支行营业部

积数：	利率：0.44%	利息：5244.37

成都银行
金堂县支行
2017.12.31
转记
_____户第 4 季度利息

科　目_____
对方科目_____

复核员：　　　　　　　记账员：韩丽

此联出票人开户银行交给出票人的回单

凭证 90-1/1

中国工商银行短期借款利息计提表

2017 年 12 月 31 日　　　　　　　　　　单位：元

本　　金	月　利　率	计息期限	利　　息
200000.00	0.60%	月	1200.00
合　　计			￥1200.00

会计主管：苏科峰　　　　　制表：边小红

凭证 91-1/1

中国工商银行贷款利息凭证

2017 年 12 月 31 日

收款单位	账　号	3205623712345660000	付款单位	账　号	352000456789000000
	户　名	工商银行成华区支行		户　名	成都永兴建材有限责任公司
	开户银行	工商银行成华区支行 营业部		开户银行	工商银行成华区支行

积数：　　　　　　　　　　利率：0.4%　　　利息：1536.00

中国工商银行
成华区支行
2017.12.31
转

____户第 4 季度利息

科　目_____
对方科目_____

复核员：　　　　　记账员：张明

付款凭证

凭证 92-1/1

四川省增值税普通发票

记 账 联

No.00178655

开票日期：2017年12月31日

购货单位	名　　称：利达五金电器商行 纳税人识别号：37985400000687 地址、电话：新都区斑竹园镇和平路53号 开户行及账号：中国银行新都区支行斑竹园分理处 4562311106846810000		密码区	（略）		
货物或应税劳务名称	规格型号	单位	数量	单价	金额	税率	税额

货物或应税劳务名称	规格型号	单位	数量	单价	金额	税率	税额
门面房租赁费					8000.00	5%	400.00
合　计					8000.00	5%	400.00

价税合计（大写）　⊗ 捌仟肆佰元整　　　　　　（小写）￥8400.00

销货单位	名　　称：成都永兴建材有限责任公司 纳税人识别号：140128378961001 地　址、电话：成都市金堂县赵镇金堂工业园 开户行及账号：中国银行金堂县支行　4000138000445566777	备注	成都永兴建材有限责任公司 发票专用章

收款人：　　　　　复核：　　　　　开票人：杨慧　　　　　销货单位：（章）

第三联　记账联　销货方记账凭证

凭证 93-1/1

坏账损失确认通知

2017 年 12 月 31 日

　　因恩红公司破产，其债务 18400 元无法偿还，经报总经理批准该单位应收账款准许确认为坏账，予以注销。

总经理：赵英武　　　　财务经理：苏科峰　　　　　公司签章：

2017 年 12 月 31 日　　2017 年 12 月 31 日

第五章 企业产品成本计算

一、工作任务

（1）会计人员审核每笔经济业务的原始凭证并填制相关原始凭证；

（2）会计人员根据审核无误的原始凭证填制记账凭证，并交财务主管审核签字；

（3）会计人员根据记账凭证登记账簿；

（4）成本会计人员计算完工产品成本及期末在产品成本。

二、产品成本计算

凭证 94-1/2

发出材料汇总表

2017 年 12 月 31 日

一级科目	二级科目	三级科目	编　号	数　　量	金　　额
原材料	原料及主要材料	柳桉原木	A01		
		杨木原木	A02		
		脲醛树脂	A03		
		酚醛树脂	A04		
		纯碱	A05		
		氯化铵	A06		
		氨水	A07		
		碳酸钙	A08		
		乌洛托品	A09		
		面粉	A10		
		覆膜纸	A11		
		油料	A12		
	修理备件	车件	B01		
		管件	B02		
		五金机电	B03		
		工具	B04		

续表

一级科目	二级科目	三级科目	编 号	数 量	金 额
原材料	废料	断尾材	C01		
		废单板	C02		
	合　计				
周转材料		开口扳手	D01		
		工作服	D02		
		专用手套	D03		
		打印纸	D04		
		稿签纸	D05		
		墨盒	D06		
		开关	D07		
		签字笔	D08		
		电线	D09		
	合　计				

凭证 94-2/2

材料费用分配表

2017 年 12 月 31 日

借 方 科 目		分 配 金 额
生产成本—— 基本生产成本	柳桉单板	
	杨木单板	
	小计	
	普通板	
	覆膜板	
	小计	
生产成本—— 辅助生产成本	蒸汽车间	
	运输部	
	调胶车间	
	小计	
管理费用		
销售费用		
制造费用	单板车间	
	胶合车间	
	小计	
其他业务成本		
合　计		

制表：杨慧

凭证 95-1/3

成都永兴建材有限责任公司 2017 年 12 月工资明细表

制表时间：2017 年 12 月 31 日

单位：元

编号	职工姓名	所属部门	基本工资	奖金	津贴	年终奖	缺勤应扣	应付工资	代扣款项 社保（10.4%）	代扣款项 公积金（5%）	代扣款项 个人所得税	扣款合计	实发工资
101	张晓春	单板车间	4 000.00	2 000.00	1 000.00	15 000.00	0.00		728.00	350.00			
	小计		4 000.00	2 000.00	1 000.00	15 000.00	0.00		728.00	350.00			
102	李小霞	单板车间	2 500.00	1 150.00	500.00	8 400.00	0.00		431.60	207.50			
103	刘小云	单板车间	2 500.00	1 100.00	500.00	8 400.00	0.00		426.40	205.00			
104	王玲	单板车间	2 500.00	1 120.00	500.00	8 400.00	0.00		428.48	206.00			
105	陈斌	单板车间	2 500.00	1 120.00	500.00	8 400.00	0.00		428.48	206.00			
106	张凡	单板车间	2 500.00	1 180.00	500.00	8 400.00	0.00		434.72	209.00			
107	何文	单板车间	2 500.00	1 100.00	500.00	8 400.00	0.00		426.40	205.00			
108	陈会林	单板车间	2 500.00	1 100.00	500.00	8 400.00	0.00		426.40	205.00			
109	李威	单板车间	2 500.00	1 050.00	500.00	8 400.00	0.00		421.20	202.50			
110	王语竹	单板车间	2 500.00	1 050.00	500.00	8 400.00	0.00		421.20	202.50			
111	王华	单板车间	2 500.00	1 050.00	500.00	8 400.00	0.00		421.20	202.50			
112	陈强	单板车间	2 500.00	1 050.00	500.00	8 400.00	50.00		416.00	200.00			
113	李民	单板车间	2 500.00	1 050.00	500.00	8 400.00	0.00		421.20	202.50			
114	何广	单板车间	2 500.00	1 050.00	500.00	8 400.00	0.00		421.20	202.50			
115	宋民	单板车间	2 500.00	1 050.00	500.00	8 400.00	0.00		421.20	202.50			
116	杨红	单板车间	2 500.00	1 050.00	500.00	8 400.00	0.00		421.20	202.50			
117	陈柱	单板车间	2 500.00	1 050.00	500.00	8 400.00	0.00		421.20	202.50			
118	张勇	单板车间	2 500.00	1 050.00	500.00	8 400.00	0.00		421.20	202.50			
119	宋扬	单板车间	2 500.00	1 050.00	500.00	8 400.00	0.00		421.20	202.50			
120	陈辉	单板车间	2 500.00	1 100.00	500.00	8 400.00	100.00		416.00	200.00			
121	王海	单板车间	2 500.00	1 050.00	500.00	8 400.00	0.00		421.20	202.50			

续表

编号	职工姓名	所属部门	基本工资	奖金	津贴	年终奖	缺勤应扣	应付工资	代扣款项				实发工资
									社保(10.4%)	公积金(5%)	个人所得税(5%)	扣款合计	
122	李小民	单板车间	2 500.00	1 050.00	500.00	8 400.00	0.00		421.20	202.50			
123	李丽平	单板车间	2 500.00	1 050.00	500.00	8 400.00	0.00		421.20	202.50			
124	黄　海	单板车间	2 500.00	1 100.00	500.00	8 400.00	0.00		426.40	205.00			
125	何　宾	单板车间	2 500.00	1 050.00	500.00	8 400.00	0.00		421.20	202.50			
126	梁　威	单板车间	2 500.00	1 050.00	500.00	8 400.00	0.00		421.20	202.50			
127	张　好	单板车间	2 500.00	1 050.00	500.00	8 400.00	0.00		421.20	202.50			
128	陈小辉	单板车间	2 500.00	1 050.00	500.00	8 400.00	0.00		421.20	202.50			
129	张　为	单板车间	2 500.00	1 050.00	500.00	8 400.00	0.00		421.20	202.50			
130	李敏一	单板车间	2 500.00	1 050.00	500.00	8 400.00	0.00		421.20	202.50			
		小计	72 500.00	31 070.00	14 500.00	243 600.00	150.00		12 263.68	5 896.00			
		小计	4 000.00	2 000.00	1 000.00	15 000.00	0.00		728.00	350.00			
201	李建平	胶合车间	4 000.00	2 000.00	1 000.00	15 000.00	0.00		728.00	350.00			
202	李存辉	胶合车间	2 500.00	1 150.00	500.00	8 400.00	0.00		431.60	207.50			
203	李存飞	胶合车间	2 500.00	1 100.00	500.00	8 400.00	0.00		426.40	205.00			
204	朱信敏	胶合车间	2 500.00	1 100.00	500.00	8 400.00	0.00		426.40	205.00			
205	林黎明	胶合车间	2 500.00	1 100.00	500.00	8 400.00	0.00		426.40	205.00			
206	吴炳池	胶合车间	2 500.00	1 100.00	500.00	8 400.00	0.00		426.40	205.00			
207	黄李忠	胶合车间	2 500.00	1 180.00	500.00	8 400.00	0.00		434.72	209.00			
208	金　炘	胶合车间	2 500.00	1 050.00	500.00	8 400.00	0.00		421.20	202.50			
209	陈景城	胶合车间	2 500.00	1 050.00	500.00	8 400.00	0.00		421.20	202.50			
210	倪彩荣	胶合车间	2 500.00	1 050.00	500.00	8 400.00	0.00		421.20	202.50			
211	施成铬	胶合车间	2 500.00	1 050.00	500.00	8 400.00	0.00		421.20	202.50			
212	吴德铨	胶合车间	2 500.00	1 050.00	500.00	8 400.00	0.00		421.20	202.50			
213	朱信阳	胶合车间	2 500.00	1 050.00	500.00	8 400.00	0.00		421.20	202.50			
214	高亦强	胶合车间	2 500.00	1 050.00	500.00	8 400.00	50.00		416.00	200.00			

续表

编号	职工姓名	所属部门	基本工资	奖金	津贴	年终奖	缺勤应扣	应付工资	代扣款项				实发工资
									社保(10.4%)	公积金(5%)	个人所得税	扣款合计	
215	胡新宇	胶合车间	2 500.00	1 050.00	500.00	8 400.00	0.00		421.20	202.50			
216	黄永钦	胶合车间	2 500.00	1 050.00	500.00	8 400.00	0.00		421.20	202.50			
217	杨玉霜	胶合车间	2 500.00	1 100.00	500.00	8 400.00	0.00		426.40	205.00			
218	陈建强	胶合车间	2 500.00	1 050.00	500.00	8 400.00	0.00		421.20	202.50			
219	胡万伍	胶合车间	2 500.00	1 050.00	500.00	8 400.00	0.00		421.20	202.50			
220	陈国良	胶合车间	2 500.00	1 050.00	500.00	8 400.00	0.00		421.20	202.50			
221	郑有义	胶合车间	2 500.00	1 050.00	500.00	8 400.00	0.00		421.20	202.50			
222	吴万雄	胶合车间	2 500.00	1 050.00	500.00	8 400.00	50.00		416.00	200.00			
223	郑爱珍	胶合车间	2 500.00	1 050.00	500.00	8 400.00	0.00		421.20	202.50			
224	王仁远	胶合车间	2 500.00	1 180.00	500.00	8 400.00	0.00		434.72	209.00			
225	寿国春	胶合车间	2 500.00	950.00	500.00	8 400.00	0.00		410.80	197.50			
226	王建清	胶合车间	2 500.00	1 000.00	500.00	8 400.00	0.00		416.00	200.00			
227	高 春	胶合车间	2 500.00	1 050.00	500.00	8 400.00	0.00		421.20	202.50			
228	陈宣富	胶合车间	2 500.00	1 050.00	500.00	8 400.00	100.00		410.80	197.50			
229	黄星金	胶合车间	2 500.00	1 050.00	500.00	8 400.00	0.00		421.20	202.50			
230	叶松仔	胶合车间	2 500.00	1 050.00	500.00	8 400.00	0.00		421.20	202.50			
231	周敬东	胶合车间	2 500.00	1 150.00	500.00	8 400.00	0.00		431.60	207.50			
232	林建新	胶合车间	2 500.00	1 100.00	500.00	8 400.00	0.00		426.40	205.00			
	小计		77 500.00	33 160.00	15 500.00	260 400.00	200.00		13 099.84	6 298.00			
301	周 青	蒸汽车间	4 000.00	2 000.00	1 000.00	15 000.00	0.00		728.00	350.00			
	小计		4 000.00	2 000.00	1 000.00	15 000.00	0.00		728.00	350.00			
302	施成法	蒸汽车间	2 500.00	1 130.00	500.00	8 400.00	0.00		429.52	206.50			
303	黄云斌	蒸汽车间	2 500.00	1 180.00	500.00	8 400.00	0.00		434.72	209.00			
304	李 红	蒸汽车间	2 500.00	1 100.00	500.00	8 400.00	0.00		426.40	205.00			
305	李振贤	蒸汽车间	2 500.00	1 000.00	500.00	8 400.00	0.00		416.00	200.00			

续表

编号	职工姓名	所属部门	基本工资	奖金	津贴	年终奖	缺勤应扣	应付工资	代扣款项 社保(10.4%)	代扣款项 公积金(5%)	代扣款项 个人所得税	代扣款项 扣款合计	实发工资
306	徐志武	蒸汽车间	2 500.00	1 050.00	500.00	8 400.00	50.00		416.00	200.00			
307	胡琦莹	蒸汽车间	2 500.00	1 050.00	500.00	8 400.00	0.00		421.20	202.50			
308	李金辉	蒸汽车间	2 500.00	1 050.00	500.00	8 400.00	0.00		421.20	202.50			
309	秦伟锋	蒸汽车间	2 500.00	1 050.00	500.00	8 400.00	0.00		421.20	202.50			
310	杨宣才	蒸汽车间	2 500.00	1 200.00	500.00	8 400.00	0.00		436.80	210.00			
		小计	22 500.00	9 810.00	4 500.00	75 600.00	50.00		3 823.04	1 838.00			
401	王 达	调胶车间	4 000.00	2 000.00	1 000.00	15 000.00	0.00		728.00	350.00			
		小计	4 000.00	2 000.00	1 000.00	15 000.00	0.00		728.00	350.00			
402	陈承平	调胶车间	2 500.00	1 150.00	500.00	8 400.00	0.00		431.60	207.50			
403	陈星孟	调胶车间	2 500.00	1 050.00	500.00	8 400.00	0.00		421.20	202.50			
404	叶文林	调胶车间	2 500.00	1 200.00	500.00	8 400.00	100.00		426.40	205.00			
405	郑建鸣	调胶车间	2 500.00	1 180.00	500.00	8 400.00	0.00		434.72	209.00			
406	郑文松	调胶车间	2 500.00	1 050.00	500.00	8 400.00	0.00		421.20	202.50			
407	陈成剑	调胶车间	2 500.00	1 050.00	500.00	8 400.00	0.00		421.20	202.50			
		小计	15 000.00	6 680.00	3 000.00	50 400.00	100.00		2 556.32	1 229.00			
501	李 扬	运输部	4 000.00	2 000.00	1 000.00	15 000.00	0.00		728.00	350.00			
		小计	4 000.00	2 000.00	1 000.00	15 000.00	0.00		728.00	350.00			
502	杨 浩	运输部	2 500.00	1 350.00	600.00	8 400.00	0.00		462.80	222.50			
503	陈百乐	运输部	2 500.00	1 400.00	600.00	8 400.00	0.00		468.00	225.00			
504	周 华	运输部	2 500.00	1 300.00	600.00	8 400.00	0.00		457.60	220.00			
505	张苏叶	运输部	2 500.00	1 300.00	600.00	8 400.00	50.00		452.40	217.50			
506	林发云	运输部	2 500.00	1 300.00	600.00	8 400.00	0.00		457.60	220.00			
507	胡志翔	运输部	2 500.00	1 400.00	600.00	8 400.00	0.00		468.00	225.00			
508	金 萍	运输部	2 500.00	1 200.00	600.00	8 400.00	50.00		447.20	215.00			
		小计	17 500.00	9 250.00	4 200.00	58 800.00	50.00		3 213.60	1 545.00			

续表

编号	职工姓名	所属部门	基本工资	奖金	津贴	年终奖	缺勤应扣	应付工资	代扣款项				实发工资
									社保 (10.4%)	公积金 (5%)	个人所得税	扣款合计	
601	赵英武	总经办	8 000.00	3 000.00	2 000.00	50 000.00	0.00		1 352.00	650.00			
602	崔 霞	总经办	3 000.00	1 000.00	500.00	10 000.00	0.00		468.00	225.00			
603	章 蒙	总经办	3 000.00	1 200.00	500.00	10 000.00	0.00		488.80	235.00			
	小计		14 000.00	5 200.00	3 000.00	70 000.00	0.00		2 308.80	1 110.00			
701	王 伟	行政部	5 000.00	2 500.00	1 000.00	15 000.00	0.00		884.00	425.00			
	小计		5 000.00	2 500.00	1 000.00	15 000.00	0.00		884.00	425.00			
702	刘 明	行政部	3 000.00	1 500.00	800.00	10 000.00	0.00		551.20	265.00			
703	张剑锋	行政部	3 000.00	1 600.00	800.00	10 000.00	0.00		561.60	270.00			
704	叶怡青	行政部	3 000.00	1 550.00	800.00	10 000.00	50.00		551.20	265.00			
705	陈姝娥	行政部	3 000.00	1 500.00	800.00	9 000.00	0.00		551.20	265.00			
706	陈绿叶	行政部	3 000.00	1 500.00	800.00	9 000.00	0.00		551.20	265.00			
707	陈哲辰	行政部	2 500.00	1 450.00	800.00	9 000.00	0.00		494.00	237.50			
708	焦迪迪	行政部	2 500.00	1 500.00	800.00	9 000.00	50.00		499.20	240.00			
	小计		20 000.00	10 600.00	5 600.00	66 000.00	50.00		3 759.60	1 807.50			
801	梅 花	人力部	5 000.00	2 500.00	1 000.00	15 000.00	0.00		884.00	425.00			
	小计		5 000.00	2 500.00	1 000.00	15 000.00	0.00		884.00	425.00			
802	徐 敏	人力部	3 000.00	1 350.00	800.00	10 000.00	0.00		535.60	257.50			
803	张 茹	人力部	3 000.00	1 300.00	800.00	10 000.00	0.00		530.40	255.00			
804	崔立澜	人力部	3 000.00	1 300.00	800.00	10 000.00	100.00		520.00	250.00			
805	沈明明	人力部	2 500.00	1 300.00	800.00	9 000.00	0.00		478.40	230.00			
806	赵素贞	人力部	2 500.00	1 300.00	800.00	9 000.00	0.00		478.40	230.00			
807	郑乐英	人力部	2 500.00	1 300.00	800.00	9 000.00	0.00		478.40	230.00			
	小计		16 500.00	7 850.00	4 800.00	57 000.00	100.00		3 021.20	1 452.50			
901	苏科峰	财务部	5 000.00	2 000.00	1 000.00	15 000.00	0.00		832.00	400.00			
	小计		5 000.00	2 000.00	1 000.00	15 000.00	0.00		832.00	400.00			

续表

编号	职工姓名	所属部门	基本工资	奖金	津贴	年终奖	缺勤应扣	应付工资	代扣款项				实发工资
									社保(10.4%)	公积金(5%)	个人所得税	扣款合计	
902	杨 慧	财务部	3 500.00	1 600.00	900.00	11 000.00	0.00		624.00	300.00			
903	边小红	财务部	2 200.00	1 500.00	800.00	11 000.00	0.00		468.00	225.00			
904	杨 花	财务部	2 000.00	1 100.00	700.00	9 000.00	0.00		395.20	190.00			
905	廖爱琴	财务部	2 000.00	1 100.00	700.00	9 000.00	0.00		395.20	190.00			
	小计		9 700.00	5 300.00	3 100.00	40 000.00	0.00		1 882.40	905.00			
1001	周春雨	后勤部	5 000.00	2 000.00	1 000.00	13 000.00	0.00		832.00	400.00			
	小计		5 000.00	2 000.00	1 000.00	13 000.00	0.00		832.00	400.00			
1002	李忠强	后勤部	2 000.00	1 100.00	800.00	8 000.00	0.00		405.60	195.00			
1003	陈珠献	后勤部	2 000.00	1 050.00	800.00	8 000.00	0.00		400.40	192.50			
1004	陈福铭	后勤部	2 000.00	1 100.00	800.00	8 000.00	0.00		405.60	195.00			
1005	钱旭光	后勤部	2 000.00	1 150.00	800.00	8 000.00	50.00		405.60	195.00			
1006	倪仕灿	后勤部	2 000.00	1 100.00	800.00	8 000.00	0.00		405.60	195.00			
1007	陈庆更	后勤部	2 000.00	1 100.00	800.00	8 000.00	0.00		405.60	195.00			
1008	周娴辉	后勤部	2 000.00	1 100.00	800.00	8 000.00	0.00		405.60	195.00			
1009	黄永余	后勤部	2 000.00	1 100.00	800.00	8 000.00	100.00		395.20	190.00			
1010	叶崇银	后勤部	2 000.00	1 100.00	800.00	8 000.00	0.00		405.60	195.00			
1011	朱益忠	后勤部	2 000.00	1 100.00	800.00	8 000.00	0.00		405.60	195.00			
1012	王永才	后勤部	2 000.00	1 100.00	800.00	8 000.00	0.00		405.60	195.00			
1013	倪 环	后勤部	2 000.00	1 150.00	800.00	8 000.00	0.00		410.80	197.50			
1014	包蓓惠	后勤部	2 000.00	1 100.00	800.00	8 000.00	150.00		390.00	187.50			
1015	吴荣参	后勤部	2 000.00	1 100.00	800.00	8 000.00	0.00		405.60	195.00			
1016	金仁进	后勤部	2 000.00	1 100.00	800.00	8 000.00	0.00		405.60	195.00			
1017	陈 克	后勤部	2 000.00	1 100.00	800.00	8 000.00	0.00		405.60	195.00			
1018	王良平	后勤部	2 000.00	1 100.00	800.00	8 000.00	0.00		405.60	195.00			
1019	丁正芳	后勤部	2 000.00	1 100.00	800.00	8 000.00	0.00		405.60	195.00			
1020	金川钧	后勤部	2 000.00	1 100.00	800.00	8 000.00	0.00		405.60	195.00			
	小计		38 000.00	20 950.00	15 200.00	152 000.00	300.00		7 680.40	3 692.50			

续表

编号	职工姓名	所属部门	基本工资	奖金	津贴	年终奖	缺勤应扣	应付工资	代扣款项 社保(10.4%)	代扣款项 公积金(5%)	代扣款项 个人所得税	扣款合计	实发工资
1101	张雨然	采供部	5 000.00	2 500.00	1 000.00	15 000.00	0.00		884.00	425.00			
	小计	采供部	5 000.00	2 500.00	1 000.00	15 000.00	0.00		884.00	425.00			
1102	周大林	采供部	3 000.00	1 500.00	1 000.00	12 000.00	0.00		572.00	275.00			
1103	陈如龙	采供部	3 000.00	1 500.00	1 000.00	12 000.00	0.00		572.00	275.00			
1104	张友佳	采供部	3 000.00	1 450.00	1 000.00	12 000.00	0.00		566.80	272.50			
1105	何晓华	采供部	2 000.00	1 200.00	700.00	9 000.00	0.00		405.60	195.00			
1106	易如意	采供部	2 000.00	1 150.00	700.00	9 000.00	0.00		400.40	192.50			
1107	张　华	采供部	2 000.00	1 000.00	700.00	9 000.00	0.00		384.80	185.00			
1108	李　明	采供部	2 000.00	1 100.00	700.00	9 000.00	0.00		395.20	190.00			
1109	李佳美	采供部	2 000.00	1 050.00	700.00	9 000.00	0.00		390.00	187.50			
1110	王　珂	采供部	2 000.00	1 050.00	700.00	9 000.00	0.00		390.00	187.50			
1111	曾　历	采供部	2 000.00	1 050.00	700.00	9 000.00	0.00		390.00	187.50			
1112	杨　晶	采供部	3 000.00	1 550.00	1 000.00	12 000.00	0.00		577.20	277.50			
	小计		26 000.00	13 600.00	8 900.00	111 000.00	0.00		5 044.00	2 425.00			
1201	刘东科	营销部	5 000.00	5 000.00	1 000.00	15 000.00	0.00		1 144.00	550.00			
	小计	营销部	5 000.00	5 000.00	1 000.00	15 000.00	0.00		1 144.00	550.00			
1202	叶向荣	营销部	1 500.00	12 000.00	700.00	18 000.00	0.00		1 476.80	710.00			
1203	林智生	营销部	1 500.00	8 000.00	700.00	16 000.00	0.00		1 060.80	510.00			
1204	陈　雷	营销部	1 500.00	8 950.00	700.00	16 000.00	0.00		1 159.60	557.50			
1205	陈国际	营销部	1 500.00	900.00	700.00	5 000.00	0.00		322.40	155.00			
1206	张　凯	营销部	1 500.00	5 300.00	700.00	12 000.00	0.00		780.00	375.00			
1207	陈庆来	营销部	1 500.00	4 400.00	700.00	12 000.00	0.00		686.40	330.00			
1208	过润之	营销部	1 500.00	6 000.00	700.00	12 000.00	0.00		852.80	410.00			
1209	翁志明	营销部	1 500.00	7 000.00	700.00	12 000.00	0.00		956.80	460.00			
1210	朱信善	营销部	1 500.00	15 000.00	700.00	12 000.00	0.00		1 683.59	860.00			
1211	徐也洁	营销部	1 500.00	2 000.00	700.00	12 000.00	0.00		436.80	210.00			
1212	张素丽	营销部	1 500.00	450.00	700.00	5 000.00	0.00		285.61	132.50			
	小计		16 500.00	70 000.00	7 700.00	132 000.00	0.00		9 701.60	4 710.00			
	合　计		395 700.00	249 970.00	101 000.00	1 479 800.00	1 000.00		77 454.48	37 283.50			

凭证 95-2/3

成都永兴建材有限责任公司 2017 年 12 月工资结算汇总表

单位：元

部门		职工类别	基本工资	奖金	津贴	年终奖	缺勤应扣	应付工资	代扣款项				实发工资
									社保（10.4%）	公积金（5%）	个人所得税	扣款合计	
基本生产车间	单板车间	管理人员	4 000.00	2 000.00	1 000.00	15 000.00	0.00		728.00	350.00			
		生产工人	72 500.00	31 070.00	14 500.00	243 600.00	150.00		12 263.68	5 896.00			
		小计	76 500.00	33 070.00	15 500.00	258 600.00	150.00		12 991.68	6 246.00			
	胶合车间	管理人员	4 000.00	2 000.00	1 000.00	15 000.00	0.00		728.00	350.00			
		生产工人	77 500.00	33 160.00	15 500.00	260 400.00	200.00		13 099.84	6 298.00			
		小计	81 500.00	35 160.00	16 500.00	275 400.00	200.00		13 827.84	6 648.00			
辅助生产车间	蒸汽车间	管理人员	4 000.00	2 000.00	1 000.00	15 000.00	0.00		728.00	350.00			
		生产工人	22 500.00	9 810.00	4 500.00	75 600.00	50.00		3 823.04	1 838.00			
		小计	26 500.00	11 810.00	5 500.00	90 600.00	50.00		4 551.04	2 188.00			
	调胶车间	管理人员	4 000.00	2 000.00	1 000.00	15 000.00	0.00		728.00	350.00			
		生产工人	15 000.00	6 680.00	3 000.00	50 400.00	100.00		2 556.32	1 229.00			
		小计	19 000.00	8 680.00	4 000.00	65 400.00	100.00		3 284.32	1 579.00			
	运输部	管理人员	4 000.00	2 000.00	1 000.00	15 000.00	0.00		728.00	350.00			
		生产工人	17 500.00	9 250.00	4 200.00	58 800.00	50.00		3 213.60	1 545.00			
		小计	21 500.00	11 250.00	5 200.00	73 800.00	50.00		3 941.60	1 895.00			
管理部门			100 200.00	49 850.00	28 400.00	384 000.00	150.00		19 500.00	9 375.00			
后勤部			43 000.00	22 950.00	16 200.00	165 000.00	300.00		8 512.40	4 092.50			
营销部门			21 500.00	75 000.00	8 700.00	147 000.00	0.00		10 845.60	5 260.00			
合　计			389 700.00	247 770.00	100 000.00	1 459 800.00	1 000.00		77 454.48	37 283.50			

凭证 95-3/3

工资费用分配表

2017 年 12 月 31 日

借方科目		生产工时	分配率	分配金额
生产成本——基本生产成本	柳桉单板			
	杨木单板			
	小计			
	普通板			
	覆膜板			
	小计			
生产成本——辅助生产成本	蒸汽车间			
	运输部			
	调胶车间			
	小计			
管理费用				
销售费用				
制造费用	单板车间			
	胶合车间			
	小计			
应付职工薪酬——职工福利费				
合　计				

制表：杨慧

凭证 96-1/3

成都永兴建材有限责任公司 2017 年 12 月员工社保公积金明细表

（单位负担部分）

单位：元

编号	职工姓名	所属部门	基本工资	奖金	津贴	缺勤应扣	应付工资	社　保			公积金
								养老保险	其他保险	合计	
101	张晓春	单板车间	4 000.00	2 000.00	1 000.00	0.00					
		小计	4 000.00	2 000.00	1 000.00	0.00					
102	李小霞	单板车间	2 500.00	1 150.00	500.00	0.00					
103	刘小云	单板车间	2 500.00	1 100.00	500.00	0.00					

续表

编号	职工姓名	所属部门	基本工资	奖金	津贴	缺勤应扣	应付工资	社　保			公积金
								养老保险	其他保险	合计	
104	王　玲	单板车间	2 500.00	1 120.00	500.00	0.00					
105	陈　斌	单板车间	2 500.00	1 120.00	500.00	0.00					
106	张　凡	单板车间	2 500.00	1 180.00	500.00	0.00					
107	何　文	单板车间	2 500.00	1 100.00	500.00	0.00					
108	陈会林	单板车间	2 500.00	1 100.00	500.00	0.00					
109	李　威	单板车间	2 500.00	1 050.00	500.00	0.00					
110	王语竹	单板车间	2 500.00	1 050.00	500.00	0.00					
111	王　华	单板车间	2 500.00	1 050.00	500.00	0.00					
112	陈　强	单板车间	2 500.00	1 050.00	500.00	50.00					
113	李　民	单板车间	2 500.00	1 050.00	500.00	0.00					
114	何　广	单板车间	2 500.00	1 050.00	500.00	0.00					
115	宋　民	单板车间	2 500.00	1 050.00	500.00	0.00					
116	杨　红	单板车间	2 500.00	1 050.00	500.00	0.00					
117	陈　柱	单板车间	2 500.00	1 050.00	500.00	0.00					
118	张　勇	单板车间	2 500.00	1 050.00	500.00	0.00					
119	宋　扬	单板车间	2 500.00	1 050.00	500.00	0.00					
120	陈　辉	单板车间	2 500.00	1 100.00	500.00	100.00					
121	王　海	单板车间	2 500.00	1 050.00	500.00	0.00					
122	李小民	单板车间	2 500.00	1 050.00	500.00	0.00					
123	李丽平	单板车间	2 500.00	1 050.00	500.00	0.00					
124	黄　海	单板车间	2 500.00	1 100.00	500.00	0.00					
125	何　宾	单板车间	2 500.00	1 050.00	500.00	0.00					
126	梁　威	单板车间	2 500.00	1 050.00	500.00	0.00					
127	张　好	单板车间	2 500.00	1 050.00	500.00	0.00					
128	陈小辉	单板车间	2 500.00	1 050.00	500.00	0.00					
129	张　为	单板车间	2 500.00	1 050.00	500.00	0.00					
130	李敏一	单板车间	2 500.00	1 050.00	500.00	0.00					
		小计	72 500.00	31 070.00	14 500.00	150.00					
201	李建平	胶合车间	4 000.00	2 000.00	1 000.00	0.00					
		小计	4 000.00	2 000.00	1 000.00	0.00					

续表

编号	职工姓名	所属部门	基本工资	奖金	津贴	缺勤应扣	应付工资	社　保			公积金
								养老保险	其他保险	合计	
202	李存辉	胶合车间	2 500.00	1 150.00	500.00	0.00					
203	李存飞	胶合车间	2 500.00	1 100.00	500.00	0.00					
204	朱信敏	胶合车间	2 500.00	1 100.00	500.00	0.00					
205	林黎明	胶合车间	2 500.00	1 100.00	500.00	0.00					
206	吴炳池	胶合车间	2 500.00	1 100.00	500.00	0.00					
207	黄李忠	胶合车间	2 500.00	1 180.00	500.00	0.00					
208	金 炘	胶合车间	2 500.00	1 050.00	500.00	0.00					
209	陈景城	胶合车间	2 500.00	1 050.00	500.00	0.00					
210	倪彩荣	胶合车间	2 500.00	1 050.00	500.00	0.00					
211	施成辂	胶合车间	2 500.00	1 050.00	500.00	0.00					
212	吴德铨	胶合车间	2 500.00	1 050.00	500.00	0.00					
213	朱信阳	胶合车间	2 500.00	1 050.00	500.00	0.00					
214	高亦强	胶合车间	2 500.00	1 050.00	500.00	50.00					
215	胡新宇	胶合车间	2 500.00	1 050.00	500.00	0.00					
216	黄永钦	胶合车间	2 500.00	1 050.00	500.00	0.00					
217	杨玉霜	胶合车间	2 500.00	1 100.00	500.00	0.00					
218	陈建强	胶合车间	2 500.00	1 050.00	500.00	0.00					
219	胡万伍	胶合车间	2 500.00	1 050.00	500.00	0.00					
220	陈国良	胶合车间	2 500.00	1 050.00	500.00	0.00					
221	郑有义	胶合车间	2 500.00	1 050.00	500.00	0.00					
222	吴万雄	胶合车间	2 500.00	1 050.00	500.00	50.00					
223	郑爱珍	胶合车间	2 500.00	1 050.00	500.00	0.00					
224	王仁远	胶合车间	2 500.00	1 180.00	500.00	0.00					
225	寿国春	胶合车间	2 500.00	950.00	500.00	0.00					
226	王建清	胶合车间	2 500.00	1 000.00	500.00	0.00					
227	高 春	胶合车间	2 500.00	1 050.00	500.00	0.00					
228	陈宣富	胶合车间	2 500.00	1 050.00	500.00	100.00					
229	黄星金	胶合车间	2 500.00	1 050.00	500.00	0.00					
230	叶松仟	胶合车间	2 500.00	1 050.00	500.00	0.00					
231	周敬东	胶合车间	2 500.00	1 150.00	500.00	0.00					

续表

编号	职工姓名	所属部门	基本工资	奖金	津贴	缺勤应扣	应付工资	养老保险	其他保险	合计	公积金
								社 保			
232	林建新	胶合车间	2 500.00	1 100.00	500.00	0.00					
		小计	77 500.00	33 160.00	15 500.00	200.00					
301	周 青	蒸汽车间	4 000.00	2 000.00	1 000.00	0.00					
		小计	4 000.00	2 000.00	1 000.00	0.00					
302	施成法	蒸汽车间	2 500.00	1 130.00	500.00	0.00					
303	黄云斌	蒸汽车间	2 500.00	1 180.00	500.00	0.00					
304	李 红	蒸汽车间	2 500.00	1 100.00	500.00	0.00					
305	李振贤	蒸汽车间	2 500.00	1 000.00	500.00	0.00					
306	徐志武	蒸汽车间	2 500.00	1 050.00	500.00	50.00					
307	胡琦莹	蒸汽车间	2 500.00	1 050.00	500.00	0.00					
308	李金辉	蒸汽车间	2 500.00	1 050.00	500.00	0.00					
309	秦伟锋	蒸汽车间	2 500.00	1 050.00	500.00	0.00					
310	杨宣才	蒸汽车间	2 500.00	1 200.00	500.00	0.00					
		小计	22 500.00	9 810.00	4 500.00	50.00					
401	王 达	调胶车间	4 000.00	2 000.00	1 000.00	0.00					
		小计	4 000.00	2 000.00	1 000.00	0.00					
402	陈永平	调胶车间	2 500.00	1 150.00	500.00	0.00					
403	陈星孟	调胶车间	2 500.00	1 050.00	500.00	0.00					
404	叶文林	调胶车间	2 500.00	1 200.00	500.00	100.00					
405	郑建鸣	调胶车间	2 500.00	1 180.00	500.00	0.00					
406	郑文松	调胶车间	2 500.00	1 050.00	500.00	0.00					
407	陈成剑	调胶车间	2 500.00	1 050.00	500.00	0.00					
		小计	15 000.00	6 680.00	3 000.00	100.00					
501	李 扬	运输部	4 000.00	2 000.00	1 000.00	0.00					
		小计	4 000.00	2 000.00	1 000.00	0.00					
502	杨 浩	运输部	2 500.00	1 350.00	600.00	0.00					
503	陈百乐	运输部	2 500.00	1 400.00	600.00	0.00					
504	周 华	运输部	2 500.00	1 300.00	600.00	0.00					
505	张苏叶	运输部	2 500.00	1 300.00	600.00	50.00					
506	林发云	运输部	2 500.00	1 300.00	600.00	0.00					

续表

| 编号 | 职工姓名 | 所属部门 | 基本工资 | 奖金 | 津贴 | 缺勤应扣 | 应付工资 | 社 保 | | | 公积金 |
								养老保险	其他保险	合计	
507	胡志翔	运输部	2 500.00	1 400.00	600.00	0.00					
508	金 萍	运输部	2 500.00	1 200.00	600.00	0.00					
		小计	17 500.00	9 250.00	4 200.00	50.00					
601	赵英武	总经办	8 000.00	3 000.00	2 000.00	0.00					
602	崔 霞	总经办	3 000.00	1 000.00	500.00	0.00					
603	章 蒙	总经办	3 000.00	1 200.00	500.00	0.00					
		小计	14 000.00	5 200.00	3 000.00	0.00					
701	王 伟	行政部	5 000.00	2 500.00	1 000.00	0.00					
		小计	5 000.00	2 500.00	1 000.00	0.00					
702	刘 明	行政部	3 000.00	1 500.00	800.00	0.00					
703	张剑锋	行政部	3 000.00	1 600.00	800.00	0.00					
704	叶怡青	行政部	3 000.00	1 550.00	800.00	50.00					
705	陈娇娥	行政部	3 000.00	1 500.00	800.00	0.00					
706	陈绿叶	行政部	3 000.00	1 500.00	800.00	0.00					
707	陈哲辰	行政部	2 500.00	1 450.00	800.00	0.00					
708	焦迪迪	行政部	2 500.00	1 500.00	800.00	0.00					
		小计	20 000.00	10 600.00	5 600.00	50.00					
801	梅 花	人力部	5 000.00	2 500.00	1 000.00	0.00					
		小计	5 000.00	2 500.00	1 000.00	0.00					
802	徐 敏	人力部	3 000.00	1 350.00	800.00	0.00					
803	张 茹	人力部	3 000.00	1 300.00	800.00	0.00					
804	崔立澜	人力部	3 000.00	1 300.00	800.00	100.00					
805	沈明明	人力部	2 500.00	1 300.00	800.00	0.00					
806	赵素贞	人力部	2 500.00	1 300.00	800.00	0.00					
807	郑乐英	人力部	2 500.00	1 300.00	800.00	0.00					
		小计	16 500.00	7 850.00	4 800.00	100.00					
901	苏科峰	财务部	5 000.00	2 000.00	1 000.00	0.00					
		小计	5 000.00	2 000.00	1 000.00	0.00					
902	杨 慧	财务部	3 500.00	1 600.00	900.00	0.00					
903	边小红	财务部	2 200.00	1 500.00	800.00	0.00					

续表

| 编号 | 职工姓名 | 所属部门 | 基本工资 | 奖金 | 津贴 | 缺勤应扣 | 应付工资 | 社 保 | | | 公积金 |
								养老保险	其他保险	合计	
904	杨 花	财务部	2 000.00	1 100.00	700.00	0.00					
905	廖爱琴	财务部	2 000.00	1100.00	700.00	0.00					
		小计	9 700.00	5 300.00	3 100.00	0.00					
1001	周春雨	后勤部	5 000.00	2 000.00	1 000.00	0.00					
		小计	5 000.00	2 000.00	1 000.00	0.00					
1002	李忠强	后勤部	2 000.00	1 100.00	800.00	0.00					
1003	陈珠献	后勤部	2 000.00	1 050.00	800.00	0.00					
1004	陈福铭	后勤部	2 000.00	1 100.00	800.00	0.00					
1005	钱旭光	后勤部	2 000.00	1 150.00	800.00	50.00					
1006	倪仕灿	后勤部	2 000.00	1 100.00	800.00	0.00					
1007	陈庆更	后勤部	2 000.00	1 100.00	800.00	0.00					
1008	周炳辉	后勤部	2 000.00	1 100.00	800.00	0.00					
1009	黄永余	后勤部	2 000.00	1 100.00	800.00	100.00					
1010	叶崇银	后勤部	2 000.00	1 100.00	800.00	0.00					
1011	朱益忠	后勤部	2 000.00	1 100.00	800.00	0.00					
1012	王永才	后勤部	2 000.00	1 100.00	800.00	0.00					
1013	倪 环	后勤部	2 000.00	1 150.00	800.00	0.00					
1014	包蓓惠	后勤部	2 000.00	1 100.00	800.00	150.00					
1015	吴荣参	后勤部	2 000.00	1 100.00	800.00	0.00					
1016	金仁进	后勤部	2 000.00	1 100.00	800.00	0.00					
1017	陈 克	后勤部	2 000.00	1 100.00	800.00	0.00					
1018	王良平	后勤部	2 000.00	1 100.00	800.00	0.00					
1019	丁正芳	后勤部	2 000.00	1 100.00	800.00	0.00					
1020	金川钧	后勤部	2 000.00	1 100.00	800.00	0.00					
		小计	38 000.00	20 950.00	15 200.00	300.00					
1101	张雨然	采供部	5 000.00	2 500.00	1 000.00	0.00					
		小计	5 000.00	2 500.00	1 000.00	0.00					
1102	周大林	采供部	3 000.00	1 500.00	1 000.00	0.00					
1103	陈如龙	采供部	3 000.00	1 500.00	1 000.00	0.00					
1104	张友佳	采供部	3 000.00	1 450.00	1 000.00	0.00					

续表

| 编号 | 职工姓名 | 所属部门 | 基本工资 | 奖金 | 津贴 | 缺勤应扣 | 应付工资 | 社　保 | | | 公积金 |
								养老保险	其他保险	合计	
1105	何晓华	采供部	2 000.00	1 200.00	700.00	0.00					
1106	易如意	采供部	2 000.00	1 150.00	700.00	0.00					
1107	张 华	采供部	2 000.00	1 000.00	700.00	0.00					
1108	李 明	采供部	2 000.00	1 100.00	700.00	0.00					
1109	李佳美	采供部	2 000.00	1 050.00	700.00	0.00					
1110	王 珂	采供部	2 000.00	1 050.00	700.00	0.00					
1111	曾 历	采供部	2 000.00	1 050.00	700.00	0.00					
		小计	26 000.00	13 600.00	8 900.00	0.00					
1201	刘东科	营销部	5 000.00	5 000.00	1 000.00	0.00					
		小计	5 000.00	5 000.00	1 000.00	0.00					
1202	杨 晶	采供部	3 000.00	1 550.00	1 000.00	0.00					
1203	叶向荣	营销部	1 500.00	12 000.00	700.00	0.00					
1204	林智生	营销部	1 500.00	8 000.00	700.00	0.00					
1205	陈 雷	营销部	1 500.00	8 950.00	700.00	0.00					
1206	陈国际	营销部	1 500.00	900.00	700.00	0.00					
1207	张 凯	营销部	1 500.00	5 300.00	700.00	0.00					
1208	陈庆来	营销部	1 500.00	4 400.00	700.00	0.00					
1209	过润之	营销部	1 500.00	6 000.00	700.00	0.00					
1210	翁志明	营销部	1 500.00	7 000.00	700.00	0.00					
1211	朱信善	营销部	1 500.00	15 000.00	700.00	0.00					
1212	徐也洁	营销部	1 500.00	2 000.00	700.00	0.00					
1213	张素丽	营销部	1 500.00	450.00	700.00	0.00					
		小计	16 500.00	70 000.00	7 700.00	0.00					
		合计	395 700.00	249 970.00	101 000.00	1 000.00					

注：假定12月工资与11月工资除年终奖外，其他都一致。

凭证 96-2/3

成都永兴建材有限责任公司 2017 年 12 月员工社保公积金计算表
（单位负担部分）

职工姓名	所属部门	单 位			公积金	合 计
		养老保险	其他保险	合计		
单板车间	管理人员					
	生产工人					
	小计					
胶合车间	管理人员					
	生产工人					
	小计					
蒸汽车间	管理人员					
	生产工人					
	小计					
调胶车间	管理人员					
	生产工人					
	小计					
运输部	管理人员					
	生产工人					
	小计					
管理部门						
后勤部						
营销部						
合 计						

凭证 96-3/3

社保公积金分配表
2017 年 12 月 31 日

借方科目		生产工时	分 配 率	分 配 金 额
生产成本——基本生产成本	柳桉单板			
	杨木单板			
	小计			
	普通板			
	覆膜板			
	小计			
生产成本——辅助生产成本	蒸汽车间			
	运输部			
	调胶车间			
	小计			
管理费用				
销售费用				
制造费用	单板车间			
	胶合车间			
	小计			
应付职工薪酬——职工福利费				
合 计				

制表：杨慧

凭证 **97-1/1**

固定资产折旧计算表

2017 年 12 月 31 日

存放地点或使用部门	名称	原始价值/元	开始计提折旧时间	预计使用寿命/年	预计净残值额/元	本月折旧额/元
单板车间	旋切机	500 000.00	2011 年 5 月	8	8 000.00	
	烘干机	1 500 000.00	2016 年 7 月	10	30 000.00	
	车间厂房	3 000 000.00	2005 年 5 月	25	262 500.00	
	小计	5 000 000.00				
胶合车间	涂胶机	400 000.00	2010 年 7 月	8	16 000.00	
	热压机	160 000.00	2012 年 7 月	8	37 120.00	
	砂光机	12 000.00	2012 年 7 月	8	2 784.00	
	覆膜机	18 000.00	2012 年 5 月	10	720	
	车间厂房	4 000 000.00	2005 年 5 月	25	880 000.00	
	小计	4 590 000.00				
运输部	货车	100 000.00	2013 年 5 月	8	4 000.00	
	货车	80 000.00	2013 年 5 月	8	3 200.00	
	拖车	100 000.00	2012 年 2 月	7	16 000.00	
	装卸车	30 000.00	2012 年 2 月	7	4 800.00	
	铲车	100 000.00	2012 年 2 月	7	16 000.00	
	车间厂房	100 000.00	2008 年 5 月	25	10 000.00	
	小计	510 000.00				
蒸汽车间	锅炉	750 000.00	2012 年 2 月	8	58 800.00	
	锅炉	250 000.00	2014 年 2 月	8	58 000.00	
	车间厂房	1 200 000.00	2005 年 5 月	25	120 000.00	
	小计	2 200 000.00				
调胶车间	调胶机	500 000.00	2012 年 7 月	8	96 800.00	
	车间厂房	200 000.00	2005 年 5 月	25	20 000.00	
	小计	700 000.00				
营销部	办公楼	540 000.00	2005 年 5 月	25	54 000.00	
	空调	18 000.00	2008 年 5 月	10	720	
	电脑	42 000.00	2014 年 2 月	5	4 200.00	
	小轿车	300 000.00	2012 年 2 月	15	30 000.00	
	办公设备	20 000.00	2014 年 2 月	5	1 640.00	
	门面房	100 000.00	2005 年 5 月	25	40 000.00	
	小计	1 020 000.00				

续表

存放地点或使用部门	名称	原始价值/元	开始计提折旧时间	预计使用寿命/年	预计净残值额/元	本月折旧额/元
管理部门	原木仓库	100 000.00	2005 年 5 月	25	40 000.00	
	物料仓库	200 000.00	2005 年 5 月	25	80 000.00	
	单板仓库	300 000.00	2005 年 5 月	25	120 000.00	
	成品仓库	400 000.00	2005 年 5 月	25	160 000.00	
	办公楼	4 000 000.00	2005 年 5 月	25	1 600 000.00	
	空调	5 000.00	2008 年 12 月	10	440	
	空调	45 000.00	2008 年 5 月	10	1 800.00	
	电脑	90 000.00	2014 年 2 月	5	9 000.00	
	办公设备	142 000.00	2014 年 2 月	5	76 360.00	
	小轿车	600 000.00	2016 年 2 月	15	114 000.00	
	小轿车	450 000.00	2012 年 2 月	15	45 000.00	
	小计	6 332 000.00				
后勤部门	医疗设备	100 000.00	2010 年 5 月	8	13 600.00	
	炊事设备	200 000.00	2005 年 5 月	15	20 000.00	
	房屋	100 000.00	2005 年 5 月	25	10 000.00	
	小计	400 000.00				
合　计		20 752 000.00			4 065 484.00	

凭证 98-1/1

无形资产摊销计算表

2017 年 12 月 31 日

项　目	使用部门	账面余额/元	摊销期限/年	本月摊销额/元
合　计				

凭证 99-1/1

辅助生产费用分配表

2017 年 12 月 31 日

辅助生产车间	应分配的费用总额/元	提供的劳务总量	单位成本/元	各受益单位（产品）受益数量和应分配的费用														
				单板车间		胶合车间						原木仓库		营销部		管理部门		食堂浴室	
				管理用		生产普通板		生产覆膜板		管理用									
				数量	金额	数量	金额	数量	金额	数量	金额	数量	金额	数量	金额	数量	金额	数量	金额
蒸汽车间																			
运输部																			
调胶车间																			
合计																			

审核： 记账： 制单：

凭证 100-1/2

单板车间制造费用分配表

2017 年 12 月 31 日

分配对象	生产工时	分配率	应分配的费用
柳桉单板			
杨木单板			
合　计			

审核：　　　　　　　　　　记账：　　　　　　　　　　制单：

凭证 100-2/2

胶合车间制造费用分配表

2017 年 12 月 31 日

分配对象	生产工时	分配率	应分配的费用
普通板			
覆膜板			
合　计			

审核：　　　　　　　　　　记账：　　　　　　　　　　制单：

凭证 101-1/9

_____（半成品）成本计算单

2017 年 12 月 31 日

车间：_____

项　　目	产量/件	直接材料费	直接人工费	制造费用	合　　计
月初在产品成本					
本月生产费用					
合　计					
完工半成品转出					
月末在产品成本					

凭证 101-2/9

_____（半成品）成本计算单

2017 年 12 月 31 日

车间：_____

项　　目	产量/件	直接材料费	直接人工费	制造费用	合　　计
月初在产品成本					
本月生产费用					
合　计					
完工半成品转出					
月末在产品成本					

凭证 101-3/9

＿＿＿＿＿＿＿（产成品）成本计算单

2017 年 12 月 31 日

车间：＿＿＿＿＿＿＿

项 目	产量/件	直接材料费	直接人工费	制造费用	合 计
月初在产品成本					
本月生产费用					
合 计					
完工产成品转出					
月末在产品成本					

凭证 101-4/9

＿＿＿＿＿＿＿（产成品）成本计算单

2017 年 12 月 31 日

车间：＿＿＿＿＿＿＿

项 目	产量/件	直接材料费	直接人工费	制造费用	合 计
月初在产品成本					
本月生产费用					
合 计					
完工产成品转出					
月末在产品成本					

凭证 101-5/9

＿＿＿＿＿＿＿半成品出库汇总表

2017 年 12 月 31 日

单板名称	耗用数量	单位成本	耗用金额	用 途					
				普通板		覆膜板		出售	
				数量	金额	数量	金额	数量	金额
柳桉单板									
杨木单板									
合 计									

凭证 101-6/9

产成品成本还原计算表

产品名称：　　　　　　　　　　　2017 年 12 月 31 日

项　　目	还原分配率	半成品	直接材料	直接人工	制造费用	成本合计
还原前产成品成本						
本月所产柳桉单板成本						
本月领用柳桉单板						
成本还原						
本月所产杨木单板成本						
本月领用杨木单板						
成本还原						
还原后产品成本						
领用半成品还原后成本构成						

凭证 101-7/9

产成品成本还原计算表

产品名称：　　　　　　　　　　　2017 年 12 月 31 日

项　　目	还原分配率	半成品	直接材料	直接人工	制造费用	成本合计
还原前产成品成本						
本月所产柳桉单板成本						
本月领用柳桉单板						
成本还原						
本月所产杨木单板成本						
本月领用杨木单板						
成本还原						
还原后产品成本						
领用半成品还原后成本构成						

凭证 101-8/9

半成品入库汇总表

2017 年 12 月 31 日

半成品编号	产品名称	计量单位	入库数量	单位成本	总成本
	合　计				

凭证 101-9/9

产品入库汇总表

2017 年 12 月 31 日

产品编号	产品名称	计量单位	入库数量	单位成本	总成本
	合　计				

凭证 102-1/3

产品出库汇总表

2017 年 12 月 31 日　　　　　　　　　　附单据　　张

产 品 名 称	计 量 单 位	出 库 数 量	出 库 单 号
合　计			

凭证 102-2/3

产品销售汇总表

2017 年 12 月 31 日   附单据   张

产 品 名 称	计 量 单 位	销 售 数 量	单 位 成 本	产品销售成本
合 计				

凭证 102-3/3

在建工程领用自产产品统计表

2017 年 12 月 31 日   附单据   张

产 品 名 称	计 量 单 位	领 用 数 量	单 位 成 本	产 品 成 本
合 计				

凭证 103-1/1

长期借款利息计算表

2017 年 12 月 31 日

计算项目 借款种类	本 金	利 率	期 限	利 息
合 计				

凭证 104-1/1

股票投资损益变动计算表

2017 年 12 月 31 日

股票名称	持有数量	入账价值	账面价值	收盘价	公允价值变动净损益
四川路桥				5.13	
万科 HRP				7.35	
四川长虹				3.32	
金华乳业				5.5	
合计					

审核：苏科峰　　　　　制单：杨慧

凭证 105-1/1

坏账准备计提表

2017 年 12 月 31 日　　　　　　　　　　　　　　　单位：元

项　　　目	账面余额	计提比例	应提准备数	账面已提数	应补提（或冲减）数
合　　计					

会计主管：苏科峰　　　　　制单：杨慧

凭证 106-1/1

长期待摊费用分摊表

2017 年 12 月 31 日

费 用 名 称	初 始 金 额	分 摊 期 限	已分摊金额	本月分摊金额
合　　计				

审核：苏科峰　　　　　制单：杨慧

凭证 107-1/1

财产保险费用分摊表

2017 年 12 月 31 日

费 用 名 称	初 始 金 额	分 摊 期 限	已分摊金额	本月分摊金额
合　　计				

审核：苏科峰　　　　　制单：杨慧

凭证 108-1/1

存货清查报告单

2017 年 12 月 31 日

编号	财产名称	单位	账面数量	实物数量	盘 盈		盘 亏		调查后原因
					数量	金额	数量	金额	
A11	覆膜纸	包		1188					管理不善，保管员赔偿400元
B04	工具	个		1108					无法查明原因
C02	废单板	m³		35					计量差错
合　计									

注：本次盘点的覆膜纸成本中不含运费。

凭证 109-1/1

应交增值税计算表

2017 年 12 月 31 日

项　　目	金　额	备　注
销项税额		
加：进项税额转出		
出口退税		
减：进项税额		
已交税金		
减免税款		
出口抵减内销产品应纳税额		
应交增值税额		
加：按简易征收办法计算应纳税额		
应纳税额合计		

审核：苏科峰　　　　　　　　　制表：边小红

凭证 110-1/1

应交城建税及教育费附加计算表

2017 年 12 月 31 日

项　　目	计提基数			比例	计提金额
	应交增值税	消费税	合计		列入税金及附加
城建税					
教育费附加					
地方教育费附加					
合　计					

审核：苏科峰　　　　　制单：杨慧

凭证 111-1/1

房产税计算表

2017 年 12 月 31 日

项　目	从 价 计 征			从 租 计 征	合　计
	房产原值	扣除率	房产余值	租金	
计税依据					
税率					
全年应纳税额					

审核：苏科峰　　　　　　　制单：杨慧

凭证 112-1/2

城镇土地使用税计算表

2017 年 12 月 31 日

计 提 基 数	适 用 税 率	应 交 税 金	应记借方账户
合　计			

审核：苏科峰　　　　　　　制单：杨慧

凭证 112-2/2

车船税计算表

2017 年 12 月 31 日

车 辆 类 型	数　量	载 重 量	税额（率）	应纳税额
合　计				

审核：　　　　　　记账：　　　　　　制单：

凭证 113-1/1

损益类账户结转计算表

账 户 名 称	结转前余额		转入本年利润	
	借方	贷方	借方	贷方
主营业务收入				
其他业务收入				
主营业务成本				
其他业务成本				
税金及附加				
销售费用				
管理费用				
财务费用				
资产减值损失				
公允价值变动损益				
投资收益				
营业外收入				
营业外支出				
所得税费用				

审核：苏科峰　　　　　制表：杨慧

凭证 114-1/3

所得税前调整计算表（一）

2017 年 12 月 31 日

项　　目	1—11 月	12 月	全　年
会计利润			
营业收入			
应付工资			

凭证 114-2/3

所得税前调整计算表（二）

2017 年 12 月 31 日

税前调整项目	实际发生额			限　额	调整额	差异类型
	1—11 月	12 月	全年			
合　　计						

备注：

凭证 114-3/3

所得税计算表

2017 年 12 月 31 日

全年税前利润		纳税调整项	全年应纳税所得额	适用税率	全年应交所得税	1—11 月已交税额	12 月应交（退）所得税
1—11 月							
12 月							

备注：

凭证 115-1/1

利润分配计算表

2017 年 12 月 31 日

本年净利润	盈余公积提取比例		应提盈余公积额	向投资者分配比例	分配利润金额	应分配对象	加权分配比例	分配率	应分配金额
	法定盈余公积					赵英武			
	任意盈余公积					明佳实业			
						新华食品厂			
	合　　计					成都好人家食品公司			
						四川川能股份有限公司			
						合　　计			

注：加权分配比例按投资者期末在注册资本中所占比例乘以本年度持有权益时间计算。

凭证 116-1/2

中国银行对账单

账号：4000138000445566777　　　　　　　　　　户名：成都永兴建材有限责任公司

日　期	凭　证　号	借　方	贷　方	余　额
20171201				5258312.00
20171201			35200.00	5293512.00
20171202	转 332245216	3860000.00		1433512.00
20171202	转 332245217	2719.50		1430792.50
20171205	现 XII 3576802	6000.00		1424792.50
20171206	转 332245218	8000.00		1416792.50
20171207			70000.00	1486792.50
20171207			33257.25	1520049.75
20171209	转 332245219	10600.00		1509449.75
20171210	转 332245220	620007.63		889442.12
20171210	转 332245221	285402.52		604039.60
20171210	转 332245222	74567.00		529472.60
20171210		8924.39		520548.21
20171210		156637.38		363910.83
20171210		15663.74		348247.09
20171213	转 332245223	37300.00		310947.09
20171216	转 332245224	1872.00		309075.09
20171217	现 XII 3576803	12000.00		297075.09
20171218			2000.00	299075.09
20171218			300.00	299375.09
20171221	转 332245225	10500.00		288875.09
20171221	转 332245226	3632.00		285243.09
20171222	转 332245227		254832.24	540075.33
20171223		19.50		540055.83
20171226		52417.21		487638.62

凭证 116-2/2

中国工商银行对账单

账号：352000456789000123   户名：成都永兴建材有限责任公司

日 期	凭 证 号	借 方	贷 方	余 额
20171201				7865676.98
20171201			200000.00	8065676.98
20171204			2839941.00	10905617.98
20171205		600021.00		10305596.98
20171205			210000.00	10515596.98
20171206			11724.00	10527320.98
20171208	ARI45218	640955.00		9886365.98
20171208	ARI45219	943.50		9885422.48
20171210	ARI45220	1500.00		9883922.48
20171210		2200.00		9881722.48
20171212	ARI45221	100000.00		9781722.48
20171212			2482350.00	12264072.48
20171213	ARI45222	6000.00		12258072.48
20171216			410000.00	12668072.48
20171218	ARI45223	1200000.00		11468072.48
20171219	ARI45224	1088100.00		10379972.48
20171219		8000000.00		2379972.48
20171220	ARI45225	636000.00		1743972.48
20171221			200000.00	1943972.48
20171224	ARI45226	8816.00		1935156.48
20171225	ARI45227	6288.75		1928867.73
20171225	ARI45228	962.33		1927905.4
20171226	ARI45229	5451.37		1922454.03
20171226			7112032.00	9034486.03
20171227			421578.21	9456064.24
20171227	ARI45230	4600.00		9451464.24
20171227	ARI45231	49479.21		9401985.03
20171230	ARI45233	25489.52		9376495.51
20171231			30265.59	9406761.1

凭证 117-1/2

银行存款余额调节表

账号: 　　　　　　　　　　　　　　2017 年 12 月 31 日

项　　目	金　　额	项　　目	金　　额
银行存款日记账余额		银行对账单余额	
合　　计		合　　计	

凭证 117-2/2

银行存款余额调节表

账号: 　　　　　　　　　　　　　　2017 年 12 月 31 日

项　　目	金　　额	项　　目	金　　额
银行存款日记账余额		银行对账单余额	
合　　计		合　　计	

6 第六章
期末报表的编制

一、资产负债表的编制

资产负债表

编制单位：　　　　　　　　　　　　　　年　月　日　　　　　　　　　　单位：元

资　　产	年初数	期末数	负债及所有者权益	年初数	期末数
流动资产			流动负债		
货币资金			短期借款		
交易性金融资产			交易性金融负债		
应收票据			应付票据		
应收账款			应付账款		
预付账款			预收款项		
应收利息			应付职工薪酬		
应收股利			应交税费		
其他应收款			应付利息		
存货			应付股利		
一年内到期的非流动资产			其他应付款		
其他流动资产			一年内到期的非流动负债		
流动资产合计			其他流动负债		
非流动资产			流动负债合计		
可供出售金融资产			非流动负债：		
持有至到期投资			长期借款		
长期应收款			应付债券		
长期股权投资			长期应付款		

续表

资　　产	年初数	期末数	负债及所有者权益	年初数	期末数
投资性房地产			专项应付款		
固定资产			预计负债		
在建工程			递延所得税负债		
工程物资			其他非流动负债		
固定资产清理			非流动负债合计		
生产性生物资产			负债合计		
油气资产			所有者权益		
无形资产			实收资本（或股本）		
开发支出			资本公积		
商誉			减：库存股		
长期待摊费用			其他综合收益		
递延所得税资产			盈余公积		
其他非流动资产			未分配利润		
非流动资产合计			所有者权益合计		
资产总计			负债和所有者权益总计		

二、利润表的编制

利 润 表

编制单位：　　　　　　　　　　年　月　　　　　　　　　　单位：元

项　　目	本 期 金 额	本年累计金额
一、营业收入		
减：营业成本		
税金及附加		
减：销售费用		
管理费用		
财务费用		
资产减值损失		
加：公允价值变动收益（损失以"－"号填列）		
投资收益（损失以"－"号填列）		
其中：对联营企业和合营企业的投资收益		
二、营业利润（亏损以"－"号填列）		

续表

项　　目	本　期　金　额	本年累计金额
加：营业外收入		
减：营业外支出		
其中：非流动资产处置损失		
三、利润总额(亏损总额以"－"号填列)		
减：所得税费用		
四、净利润(净亏损以"－"号填列)		
五、每股收益		
(一)基本每股收益		
(二)稀释每股收益		
六、其他综合收益		
七、综合收益总额		

三、现金流量表的编制

现金流量表

编制单位：　　　　　　　　　　　年　　月　　　　　　　　　　单位：元

项　　目	行次	金额
一、经营活动产生的现金流量		
销售商品、提供劳务收到的现金		
收到的税费返还		
收到的其他与经营活动有关的现金		
现金流入小计		
购买商品接受劳务支付的现金		
支付给职工以及为职工支付的现金		
支付的各项税费		
支付的其他与经营活动有关的现金		
现金流出小计		
经营活动产生的现金流量净额		
二、投资活动产生的现金流量		
收回投资所收到的现金		
取得投资收益所收到的现金		
处置固定资产、无形资产和其他长期资产所收回的现金净额		

续表

项　目	行次	金额
收到的其他与投资活动有关的现金		
现金流入小计		
购建固定资产、无形资产和其他长期资产所支付的现金		
投资所支付的现金		
支付的其他与投资活动有关的现金		
现金流出小计		
投资活动产生的现金流量净额		
三、筹资活动产生的现金流量		
吸收投资所收到的现金		
取得借款所收到的现金		
收到的其他与筹资活动有关的现金		
现金流入小计		
偿还债务所支付的现金		
分配股利、利润和偿付利息所支付的现金		
支付的其他与筹资活动有关的现金		
现金流出小计		
筹资活动产生的现金流量净额		
四、汇率变动对现金的影响		
五、现金及现金等价物净增加额		
补　充　资　料	行次	金额
1. 将净利润调节为经营活动现金流量		
净利润		
加：计提的资产减值准备		
固定资产折旧		
无形资产摊销		
长期待摊费用摊销		
待摊费用减少（减：增加）		
预提费用增加（减：减少）		
处置固定资产、无形资产和其他长期资产的损失（减：收益）		
固定资产报废损失		
财务费用		
投资损失（减：收益）		

续表

补　充　资　料	行次	金额
递延税款贷项(减：借项)		
存货的减少(减：增加)		
经营性应收项目的减少(减：增加)		
经营性应付项目的增加(减：减少)		
其他		
经营活动产生的现金流量净额		
2. 不涉及现金收支的投资和筹资活动		
债务转为资本		
一年内到期的可转换公司债券		
融资租入固定资产		
3. 现金及现金等价物净增加情况		
现金的期末余额		
减：现金的期初余额		
加：现金等价物的期末余额		
减：现金等价物的期初余额		
现金及现金等价物净增加额		

7 第七章
纳税申报表的编制

一、增值税纳税申报表的编制

增值税纳税申报表

（适用于增值税一般纳税人）

根据国家税收法律法规及增值税相关规定制定本表。纳税人不论有无销售额，均应按税务机关核定的纳税期限填写本表，并向当地税务机关申报。

税款所属时间：自　年　月　日至　年　月　日

填表日期：　年　月　日　　　　　　　金额单位：元至角分

纳税人识别号											所属行业：	

纳税人名称		法定代表人姓名		注册地址		生产经营地址	
开户银行及账号		企业登记注册类型			电话号码		

项　目		栏次	一般项目		即征即退项目	
			本月数	本年累计	本月数	本年累计
销售额	（一）按适用税率征税货物及劳务销售额	1				
	其中：应税货物销售额	2				
	应税劳务销售额	3				
	纳税检查调整的销售额	4				
	（二）按简易征收办法征税货物销售额	5				
	其中：纳税检查调整的销售额	6				
	（三）免、抵、退办法出口货物销售额	7			—	—
	（四）免税货物及劳务销售额	8			—	—
	其中：免税货物销售额	9			—	—
	免税劳务销售额	10			—	—

续表

项　目	栏次	一般项目		即征即退项目	
		本月数	本年累计	本月数	本年累计
销项税额	11				
进项税额	12				
上期留抵税额	13			—	—
进项税额转出	14				
免抵退货物应退税额	15			—	—
按适用税率计算的纳税检查应补缴税额	16			—	—
应抵扣税额合计	17 = 12 + 13 - 14 - 15 + 16			—	—
实际抵扣税额	18(如 17 < 11，则为 17，否则为 11)				
应纳税额	19 = 11 - 18				
期末留抵税额	20 = 17 - 18			—	—
简易征收办法计算的应纳税额	21				
按简易征收办法计算的纳税检查应补缴税额	22				
应纳税额减征额	23				
应纳税额合计	24 = 19 + 21 - 23				
期初未缴税额(多缴为负数)	25				
实收出口开具专用缴款书退税额	26			—	—
本期已缴税额	27 = 28 + 29 + 30 + 31				
①分次预缴税额	28			—	—
②出口开具专用缴款书预缴税额	29			—	—
③本期缴纳上期应纳税额	30				
④本期缴纳欠缴税额	31				
期末未缴税额(多缴为负数)	32 = 24 + 25 + 26 - 27				
其中：欠缴税额(≥0)	33 = 25 + 26 - 27			—	—
本期应补(退)税额	34 - 24 - 28 - 29			—	—
即征即退实际退税额	35	—	—		
期初未缴查补税额	36			—	—
本期入库查补税额	37			—	—
期末未缴查补税额	38 = 16 + 22 + 36 - 37			—	—

税款计算 / 税款缴纳

授权声明	如果你已委托代理人申报，请填写下列资料： 为代理一切税务事宜，现授权(地址) 为本纳税人的代理申报人，任何与本申报表有关的往来文件，都可寄予此人。 授权人签字：	申报人声明	此纳税申报表是根据《中华人民共和国增值税暂行条例》的规定填报的，我相信它是真实的、可靠的、完整的。 声明人签字：

主管税务机关：　　　　　接收人：　　　　　收到日期：

二、城建税、教育费附加、地方教育费附加税（费）申报表的编制

城建税、教育费附加、地方教育附加税（费）申报表

税款所属期限：自 　年　月　日至　年　月　日　　填表日期：　　年　月　日　　　　　金额单位：元至角分

纳税人识别号：

纳税人信息	名　　称					□单位 □个人			
	登记注册类型			所属行业					
	身份证号码			联系方式					

税（费）种（税目）	计税（费）依据				税率（征收率）	本期应纳税（费）额	本期减免税（费）额		本期已缴税（费）额	本期应补（退）税（费）额
	增值税		消费税	合计						
	一般增值税	免抵税额					减免性质代码	减免额		
	1	2	3	4 = 1 + 2 + 3	5	6 = 4 × 5	7	8	9	10 = 6 - 8 - 9
城建税（增值税）		—								
城建税（消费税）	—	—								
教育费附加（增值税）		—								
教育费附加（消费税）	—	—								
地方教育附加（增值税）		—								
地方教育附加（消费税）	—	—								
合　　计		—								

以下由纳税人填写：

| 纳税人声明 | 　此纳税申报表是根据《中华人民共和国城市维护建设税暂行条例》《国务院征收教育费附加的暂行规定》《财政部关于统一地方教育附加政策有关问题的通知》和国家有关税收规定填报的，是真实的、可靠的、完整的。 |
| 纳税人签章 | | 代理人签章 | | 代理人身份证号 | |

以下由税务机关填写：

| 受理人 | | 受理日期 | 　年　月　日 | 受理税务机关签章 | |

本表一式三份，一份返还纳税人，一份作为资料归档，一份作为税收会计核算的原始凭证。

减免性质代码：减免性质代码按照国家税务总局制定下发的最新《减免性质及分类表》中的最细项减免性质代码填报。

三、房产税纳税申报表的编制

税款所属期限：自 年 月 日 至 年 月 日　　　　填表日期： 年 月 日　　　　金额单位：元至角分；面积单位：平方米

房产税纳税申报表

纳税人识别号

纳税人信息	名称			*			纳税人分类	单位□ 个人□
	登记注册类型						所属行业	*
	身份证照类型	身份证□ 护照□ 军官证□ 其他					联系人	联系方式

一、从价计征房产税

	房产原值	其中：出租房产原值	计税比例	税率	计税月份数	本期应纳税额	减免性质代码	减免税房产的原值	本期减免税额	本期已缴税额	本期应补（退）税额
1											
2											
3											
合计			*	*	*		*				

二、从租计征房产税

	本期应税租金收入	适用税率	本期应纳税额	本期已缴税额	本期应补（退）额
1		4%□ 12%□			
2		4%□ 12%□			
3		4%□ 12%□			
合计		*			

以下由纳税人填写：

纳税人声明	此纳税申报表是根据《中华人民共和国房产税暂行条例》和国家有关税收规定填报的，是真实的、可靠的、完整的。	
纳税人签章	代理人签章	代理人身份证号

以下由税务机关填写：

受理人	受理日期	受理税务机关签章
	年 月 日	

四、城镇土地使用税纳税申报表的编制

税款所属期限：自 年 月 日至 年 月 日

纳税人识别号：

金额单位：元至角分；面积单位：平方米

城镇土地使用税纳税申报表

填表日期： 年 月 日

纳税人信息	名称					纳税人分类	单位□ 个人□
	登记注册类型	*				所属行业	
	身份证照类型	身份证□ 护照□ 军官证□ 其他□				联系人	联系方式
申报纳税信息	宗地的地号	土地等级	税额标准	土地总面积	计税月份数	本期应纳税额	减免性质代码	减免税总面积	本期减免税额	本期已缴税额	本期应补(退)税额
										*	
	合计	*	*		*	*					

以下由纳税人填写：

纳税人声明	此纳税申报表是根据《中华人民共和国城镇土地使用税暂行条例》和国家有关税收规定填报的，是真实的、可靠的、完整的。
纳税人签章	代理人签章	代理人身份证号
	年 月 日	

以下由税务机关填写：

受理人	受理日期	受理税务机关签章
	年 月 日	

五、车船税纳税申报表的编制

税款所属期限：自 年 月 日 至 年 月 日

纳税人识别号

车船税纳税申报表

填表日期： 年 月 日

金额单位：元至角分

纳税人名称													
纳税人身份证照号码							纳税人身份证照类型						
联系人							居住（单位）地址						
联系方式													

序号	(车辆)号牌号码/(车船)登记号码	车船识别代码(车辆识别号/车架号/船舶识别号)	征收品目	计税单位	计税单位的数量	单位税额	年应缴税额	本年减免税额	减免性质代码	减免税证明号	当年应缴税额	本年已缴税额	本期年应补(退)税额
	1	2	3	4	5	6	7＝5×6	8	9	10	11＝7－8	12	13＝11－12
合计	—	—	—	—	—	—			—	—			

申报车辆总数（辆）		申报船舶总数（艘）	

以下由申报人填写

纳税人声明	此纳税申报表是根据《中华人民共和国车船税法》和国家有关税收规定填报的，是真实的、可靠的、完整的。	
纳税人签章	代理人签章	代理人身份证号

以下由税务机关填写

受理人	受理日期	受理税务机关（签章）

六、企业所得税纳税申报表的编制

中华人民共和国企业所得税年度纳税申报表（A 类）

税款所属期间： 年 月 日至 年 月 日

纳税人识别号：□□□□□□□□□□□□□□□□□□□□

纳税人名称：

金额单位：人民币元（列至角分）

    谨声明：此纳税申报表是根据《中华人民共和国企业所得税法》《中华人民共和国企业所得税法实施条例》、有关税收政策以及国家统一会计制度的规定填报的，是真实的、可靠的、完整的。

法定代表人（签章）： 年 月 日

纳税人公章： 会计主管： 填表日期： 年 月 日	代理申报中介机构公章： 经办人： 经办人执业证件号码： 代理申报日期： 年 月 日	主管税务机关受理专用章： 受理人： 受理日期： 年 月 日

国家税务总局监制

中华人民共和国企业所得税年度纳税申报表（A 类）

行次	类别	项 目	金 额
1	利润总额计算	一、营业收入（填写 A101010/101020/103000）	
2		减：营业成本（填写 A102010/102020/103000）	
3		税金及附加	
4		销售费用（填写 A104000）	
5		管理费用（填写 A104000）	
6		财务费用（填写 A104000）	
7		资产减值损失	
8		加：公允价值变动收益	
9		投资收益	
10		二、营业利润（1 − 2 − 3 − 4 − 5 − 6 − 7 + 8 + 9）	
11		加：营业外收入（填写 A101010/101020/103000）	
12		减：营业外支出（填写 A102010/102020/103000）	
13		三、利润总额（10 + 11 − 12）	

续表

行次	类别	项　　目	金　　额
14		减：境外所得（填写 A108010）	
15		加：纳税调整增加额（填写 A105000）	
16	应纳税所得额计算	减：纳税调整减少额（填写 A105000）	
17		减：免税、减计收入及加计扣除（填写 A107010）	
18		加：境外应税所得抵减境内亏损（填写 A108000）	
19		四、纳税调整后所得（13 − 14 + 15 − 16 − 17 + 18）	
20		减：所得减免（填写 A107020）	
21		减：抵扣应纳税所得额（填写 A107030）	
22		减：弥补以前年度亏损（填写 A106000）	
23		五、应纳税所得额（19 − 20 − 21 − 22）	
24		税率（25%）	
25		六、应纳所得税额（23 × 24）	
26		减：减免所得税额（填写 A107040）	
27		减：抵免所得税额（填写 A107050）	
28		七、应纳税额（25 − 26 − 27）	
29	应纳税额计算	加：境外所得应纳所得税额（填写 A108000）	
30		减：境外所得抵免所得税额（填写 A108000）	
31		八、实际应纳所得税额（28 + 29 − 30）	
32		减：本年累计实际已预缴的所得税额	
33		九、本年应补（退）所得税额（31 − 32）	
34		其中：总机构分摊本年应补（退）所得税额（填写 A109000）	
35		财政集中分配本年应补（退）所得税额（填写 A109000）	
36		总机构主体生产经营部门分摊本年应补（退）所得税额（填写 A109000）	
37	附列资料	以前年度多缴的所得税额在本年抵减额	
38		以前年度应缴未缴在本年入库所得税额	

A101010

一般企业收入明细表

行次	项 目	金 额
1	一、营业收入(2＋9)	
2	(一)主营业务收入(3＋5＋6＋7＋8)	
3	1. 销售商品收入	
4	其中:非货币性资产交换收入	
5	2. 提供劳务收入	
6	3. 建造合同收入	
7	4. 让渡资产使用权收入	
8	5. 其他	
9	(二)其他业务收入(10＋12＋13＋14＋15)	
10	1. 销售材料收入	
11	其中:非货币性资产交换收入	
12	2. 出租固定资产收入	
13	3. 出租无形资产收入	
14	4. 出租包装物和商品收入	
15	5. 其他	
16	二、营业外收入(17＋18＋19＋20＋21＋22＋23＋24＋25＋26)	
17	(一)非流动资产处置利得	
18	(二)非货币性资产交换利得	
19	(三)债务重组利得	
20	(四)政府补助利得	
21	(五)盘盈利得	
22	(六)捐赠利得	
23	(七)罚没利得	
24	(八)确实无法偿付的应付款项	
25	(九)汇兑收益	
26	(十)其他	

A102010

一般企业成本支出明细表

行次	项　　目	金　　额
1	一、营业成本(2+9)	
2	（一）主营业务成本(3+5+6+7+8)	
3	1.销售商品成本	
4	其中：非货币性资产交换成本	
5	2.提供劳务成本	
6	3.建造合同成本	
7	4.让渡资产使用权成本	
8	5.其他	
9	（二）其他业务成本(10+12+13+14+15)	
10	1.材料销售成本	
11	其中：非货币性资产交换成本	
12	2.出租固定资产成本	
13	3.出租无形资产成本	
14	4.包装物出租成本	
15	5.其他	
16	二、营业外支出(17+18+19+20+21+22+23+24+25+26)	
17	（一）非流动资产处置损失	
18	（二）非货币性资产交换损失	
19	（三）债务重组损失	
20	（四）非常损失	
21	（五）捐赠支出	
22	（六）赞助支出	
23	（七）罚没支出	
24	（八）坏账损失	
25	（九）无法收回的债券股权投资损失	
26	（十）其他	

A105000

纳税调整项目明细表

行次	项　　目	账载金额	税收金额	调增金额	调减金额
		1	2	3	4
1	一、收入类调整项目(2+3+4+5+6+7+8+10+11)	*	*		
2	(一)视同销售收入(填写A105010)	*			*
3	(二)未按权责发生制原则确认的收入(填写A105020)				
4	(三)投资收益(填写A105030)				
5	(四)按权益法核算长期股权投资对初始投资成本调整确认收益	*	*	*	
6	(五)交易性金融资产初始投资调整	*	*		*
7	(六)公允价值变动净损益		*		
8	(七)不征税收入	*	*		
9	其中:专项用途财政性资金(填写A105040)	*	*		
10	(八)销售折扣、折让和退回				
11	(九)其他				
12	二、扣除类调整项目 (13+14+15+16+17+18+19+20+21+22+23+24+26+27+28+29)	*	*		
13	(一)视同销售成本(填写A105010)	*		*	
14	(二)职工薪酬(填写A105050)				
15	(三)业务招待费支出				*
16	(四)广告费和业务宣传费支出(填写A105060)	*	*		
17	(五)捐赠支出(填写A105070)				*
18	(六)利息支出				
19	(七)罚金、罚款和被没收财物的损失		*		*
20	(八)税收滞纳金、加收利息		*		*
21	(九)赞助支出				
22	(十)与未实现融资收益相关在当期确认的财务费用				
23	(十一)佣金和手续费支出				*
24	(十二)不征税收入用于支出所形成的费用	*	*		*
25	其中:专项用途财政性资金用于支出所形成的费用(填写A105040)	*	*		*
26	(十三)跨期扣除项目				

续表

行次	项 目	账载金额	税收金额	调增金额	调减金额
		1	2	3	4
27	（十四）与取得收入无关的支出		*		*
28	（十五）境外所得分摊的共同支出	*	*		*
29	（十六）其他				
30	三、资产类调整项目(31 + 32 + 33 + 34)	*	*		
31	（一）资产折旧、摊销(填写 A105080)				
32	（二）资产减值准备金		*		
33	（三）资产损失(填写 A105090)				
34	（四）其他				
35	四、特殊事项调整项目(36 + 37 + 38 + 39 + 40)	*	*		
36	（一）企业重组(填写 A105100)				
37	（二）政策性搬迁(填写 A105110)	*	*		
38	（三）特殊行业准备金(填写 A105120)				
39	（四）房地产开发企业特定业务计算的纳税调整额(填写 A105010)	*			
40	（五）其他	*	*		
41	五、特别纳税调整应税所得	*	*		
42	六、其他	*	*		
43	合计(1 + 12 + 30 + 35 + 41 + 42)	*	*		